Norbert und Gabriele Rösinger

Tod, wo ist dein Stachel...?!

Autobiografische Streiflichter

Norbert und Gabriele Rösinger

Tod, wo ist dein Stachel...?!

Autobiografische Streiflichter

edition φ philemon

Die Deutsche Bibliothek - CIP-Einheitsaufnahme

Rösinger, Norbert:
Tod, wo ist dein Stachel?
Autobiografische Streiflichter / Norbert
und Gabriele Rösinger,
Birkenfeld: Edition Philemon, 2001
ISBN 3-935368-31-3

Bestell-Nr. 100.042
ISBN-Nr. 3-935368-31-3

2. Auflage Februar 2002
3. Auflage Mai 2002
Umschlaggestaltung: Ellen Kampowski
Zusammenstellung und Redaktion: Walter Nitsche
Satz: Seidel & Seidel, 08209 Auerbach

Inhalt

„Unseren beiden Söhnen David und Silas gewidmet“

Vorwort

„Der Tod ist verschlungen in Sieg! Tod, wo ist dein Stachel? Totenreich, wo ist dein Sieg?“ (1. Korinther 15,55)

Noch heute ist mir die Aussage meines Freundes Norbert im Ohr, als er zu mir sagte: „Stegi, ich wünsche mir, dass mein Leben Spuren hinterlässt.“

Dies sagte er nicht als gesunder Mensch zu mir. Norbert hatte zu diesem Zeitpunkt eine schwere Gehirnoperation hinter sich und war dem Tod näher als dem Leben. Was wir beide damals nicht wussten, war, dass er nur noch wenige Monate zu leben hatte.

Viele Jahre zuvor war Norbert mir als junger Mann gegenüber gesessen und hatte gesagt: „Peter, mein Leben ist verpfuscht. Ich sollte es einfach wegwerfen!“

Menschlich gesehen hatte er vielleicht ein Stück weit Recht und seine Lebensgeschichte zeigt dies auch. Doch zu keiner Zeit hatte ihn Gott aus den Augen verloren und auf wunderbare Weise erfuhr Norbert eine Kehrtwendung in seinem Leben und echte Befreiung aus der Sucht und dem Terror der Drogen.

Es ist für mich bis heute ein großes Wunder, dass ich Norbert viele Jahre als „neuen Menschen“ erleben durfte und mir seinen großen Eifer um die Verbreitung der Frohen Botschaft zum Vorbild nehmen konnte.

Dann kam der Januar 1999. Die Nachricht von seiner tödlichen Krankheit hatte mich tief getroffen und manche Fragen aufgeworfen. Wie konnte Gott das zulassen? Hatte Er den Überblick verloren und wollte einen solch treuen Menschen einfach wegnehmen?

Es war schließlich Norbert selbst, der auf einzigartige Weise zeigte, wie man sich in den Willen Gottes fügt. Dadurch wurde er ein großes und mutmachendes Zeugnis für seine Umwelt. Für ihn war seine Krankheit eine Möglichkeit, den Menschen die Liebe und Fürsorge Gottes zu zeigen und auch in schweren Zeiten an den Zusagen der Bibel festzuhalten.

Dem vorliegenden Buch wünsche ich eine große Verbreitung. Es soll eine Hilfe für diejenigen sein, die ihr Leben wie Norbert wegwerfen wollen, um es wie er neu in Jesus Christus zu finden. Meine feste Überzeugung ist es, dass das Leben von Norbert, so wie er es sich wünschte, deutliche Spuren hinterlassen hat.

„Was kein Auge gesehen und kein Ohr gehört und keinem Menschen in den Sinn gekommen ist, was Gott denen bereitet hat, die ihn lieben..." (1. Korinther 2,9)

Ich bin dankbar für die Zeit mit Norbert und für das, was ich von ihm gelernt habe.

Peter Stegmüller
Sommer 2001

Ruhelose Suche

Life is like a big joke, isn´t it? (Procol Harum)
(Das Leben ist wie ein großer Witz, nicht wahr?)

Das Ganze begann am 7.5.1961, als mich meine Mutter nach einer einigermaßen gut verlaufenen Nacht gegen 3 Uhr morgens zur Welt brachte.

Riders on the storm, into this house were born, into this world were thrown (Jim Morrison)
(...in dieses Haus geboren, in diese Welt geschmissen)

Keiner hatte mich gefragt. Jetzt war ich einfach da. Hineingeschmissen in eine schreckliche Welt. Später, als mir alles zum Hals heraushing, habe ich den Tag meiner Geburt gehasst - und verflucht.

Ich erlebte eine recht normale Kindheit und ich habe auch etliche schöne Erinnerungen daran. Nach dem Wechsel ins Gymnasium ging es jedoch schulisch steil bergab. Meine Freunde aus der Haupt- oder Realschule tobten nachmittags auf dem Sportplatz - und ich Niete sollte mich mit Schulaufgaben abquälen und kapierte den Stoff sowieso nicht.

Die Noten verschlechterten sich zusehends. Da mein Vater Lehrer war und ihm mein schulischer Abstieg nicht entging, warf er ein wachsames Auge auf meine Bemühungen. Um dem Lernstress zu entgehen, begann ich, meine Eltern zu belügen, ältere Hausaufgaben vorzuzeigen, Prüfungsarbeiten mit schlechten Noten in einem

Schuhkarton unterm Bett zu verstecken und die elterlichen Unterschriften zu fälschen, wozu ich viel Fleiß und Übung anwandte. Doch diese Betrügereien hatten keine „langen Beine“. Eines Tages, es war kurz vor der Zeugnisausgabe, wurde mein Vater zu meinem Klassenlehrer bestellt. Dazu entdeckte meine Großmutter noch den Schuhkarton unter meinem Bett und mein junges Leben brach völlig in sich zusammen. Für mich zusätzlich spürbar, als mein Vater - bisher mit der antiautoritären Erziehung sympathisierend - mit einem Teppichklopfer eingehend mein Hinterteil bearbeitete.

Auf dem Gymnasium war nichts mehr zu retten, so dass ich das 6. Schuljahr nicht bestand. Ich fühlte mich dabei wie der letzte Trottel, wie der „Klassenesel“, der abgeschoben wurde, weil ihn keiner mochte. Meine Schande empfand ich als unerträglich. Ich war völlig verzweifelt und wollte meinem jungen Leben ein Ende setzen. Da ich bei den Pfadfindern gewesen war, beherrschte ich den „Henkersknoten“ und so richtete ich mir in unserer Hobby-Werkstatt einen entsprechenden Strick hin und bereitete meine eigene Hinrichtung vor. Schweißnass hatte ich meinen Hals durch die Schlinge gesteckt; mit zitternden Beinen auf einem wackeligen Untersatz stehend... und bin dann doch nicht gesprungen.

Das unangenehme Leben ging weiter. Ich suchte nach Perspektiven, sehnte mich nach Trost, hielt Ausschau nach Vorbildern. Wie andere Jugendliche aus meiner Zeit fand ich schließlich mein Vorbild in der Musik-Szene; und zwar im später (1970) verstorbenen Rockkönig Jimi Hendrix. Sein ganzes Leben, seine innere Zerrissenheit, seine Gefühle und Philosophien hatte er auf seine Musik übertragen und war darin ein wahrhaftiges Genie. Ich merkte damals nicht, welcher Müll, welches Elend, welche seelische Zerstörung über seine Songs nach außen drang und mitten in mein verunsichertes Herz und meine Gedankenwelt flossen. Praktisch brachte Jimi Hendrix weder eine Lösung von Problemen noch ein positives Vorbild, an dem man sich hätte ausrichten können. Ganz im Gegenteil: *„Manic depressions touching my soul!“ (Wahnsinnige Depressionen legen sich auf meine Seele!)* Das wurde auch zu meinem Stil, zu meinem Feeling. Geprägt vom ungehörten Hilfeschrei eines frustrierten Musikers lebte ich so vor mich hin. Auch die Phase (im Teenageralter von 15 Jahren) als „Mofarocker“ und „Kampfsportfan“ änderte daran nichts. Große Sprüche klopfen und Bier saufen wurde mir bald zu eintönig und zu blöd.

Nach wie vor innerlich leer und unbefriedigt, von Jimi Hendrix immer stärker fasziniert, kam ich dann mit 16 „auf den Trip“. *Magic Bus* („The Who“): Mein *Drive* im *Magic Bus* begann...

Ich rauchte meine erste Haschischpfeife und mehr schwebend als fahrend erreichten ein paar Freunde und ich mit unseren Mopeds unsere Kellerbar, wo wir unsere Törns genießen wollten. Ein völlig neues, bisher unbekanntes Feeling begeisterte uns, Hendrix' Musik dazu zog uns in ihren Bann und schien uns abheben zu lassen. *„That´s it!“* Endlich schienen wir das zu erleben, wonach wir suchten. Bis in die frühen Morgenstunden hinein diskutierten wir und fühlten uns bedeutend bei all den Gedankenkonstruktionen, endlosen Philosophien und ausufernden Meinungen und Ansichten. Es ging dabei meist um Frauen, um Weltverbesserungsideen, alternatives Leben, meditative Erfahrungen. Unter dem Einfluss von Haschisch und Marihuana waren wir aufgeschlossen für neue Erfahrungen jeglicher Art.

Doch was wir uns anfänglich kaum hätten vorstellen können, trat ein: auch dieses Leben wurde mit der Zeit eintönig und fade. Bald fühlten wir uns nicht mehr wie die *„kings"*, sondern eher wie „abgetörnte Langeweiler". Je mehr der tägliche Haschischkonsum zunahm, desto größere Langeweile breitete sich aus. Gelegentliche LSD-Trips schossen mich zwar ab und zu auf eine außergewöhnliche Reise, allerdings mit dem Erfolg, anschließend um so intensiver ein entleertes, antriebsloses Dasein zu empfinden. Doch die Hendrix-Philosophien ließen mich nicht los:

„Will I live tomorrow, well I just cannot say, but I know only one, I don't live today!"
(„Werde ich morgen leben, wo werde ich morgen leben, gibt es ein Leben nach dem Tod? Ich weiß es nicht. Aber eines weiß ich ganz sicher: Heute lebe ich nicht! Es ist kein Leben, es ähnelt eher einem kranken Vieh, das so dahinvegetiert.")

Auf die Idee, dass ein Drogenstopp das Chaos im Herzen beenden könnte, kam ich zwar manchmal, doch dies in die Praxis umzusetzen, war mir völlig unmöglich.

Peragon Hustenperlen, das neue, langanhaltende Halluzinogen, bemächtigte sich unser. Der gesamte Freundeskreis begann, Peragon (kurz Peras) zu schlucken. Für fünf Mark gab es zwanzig leckere Perlen, wovon jedoch 10-12 Perlen auf einmal genommen werden mussten, damit sie ähnlich wie ein LSD-Trip wirkten. Manchmal schluckten wir um die Wette. Einer von uns nahm einmal 40 Perlen auf einmal!

Doch unsere anschließenden Zustände glichen einer mittleren Tragödie. Wenn das Törnen nach 6-8 Stunden nachließ, stellte sich ein Zustand völliger Leere ein, gemischt mit Halluzinationen. Man wollte weg, konnte aber nicht. Am Rande zum Verrücktwerden musste man die Zeit abwarten, die unendlich erschien. Trotzdem schluckten wir immer von neuem Peras, öfters zusammen mit Psychopharmaka, Schlaf- oder Aufputschmitteln.

„Manic depressions touching my soul, I know what I want, but I just don´t know."
(Wahnsinnige Depressionen legen sich auf meine Seele und drücken mich in den Boden rein - Ich weiß, was ich will: ich will leben! Aber eigentlich weiß ich´s doch nicht.)

Wie gut konnten wir es nachempfinden: verloren zu sein in der Sinnlosigkeit des Daseins. Hendrix schrie seine Antwort darauf auf dem Woodstock-Festival (1969) förmlich hinaus:

„Purple Haze was in my brain, rainy day, you didn´t see the same, acting funny but I don´t know why. Scuse me, while I kiss the sky"
(Purple Haze (= LSD Trip) war in meinem Hirn; es regnete, wie ich es noch nie erlebt hatte. Ich hampelte aufgedreht herum, weiß selbst nicht, warum. Entschuldige, dass ich den Himmel küsse.)

Keine wirkliche Antwort fürs Leben wurde hier geboten. Um das Leben vielleicht erträglicher zu machen, wurde Purple Haze empfohlen - ein LSD-Trip!

Doch kein Mensch hält diese Trips lange aus. Man gerät in eine „Paranoia", in eine völlige Stumpfsinnigkeit. Ich saß oft stundenlang alleine in der Kellerbar auf einer Matratze, hörte der Musik von Jimi Hendrix zu, und irgendwann gewann ich den Eindruck, dass Körper und Seele sich voneinander trennen würden. So, als würde der Körper in der Versenkung sitzen und fünf Meter davon entfernt steht die Seele und beobachtet den Körper. Der Wunsch, diesem Körper einen Todesstoß zu versetzen, wurde immer drängender.

Mein damals engster Freund rastete plötzlich aus, demolierte sein Zimmer und wurde zwangsweise in die Psychiatrie eingewiesen. Kurz darauf öffnete sich ein anderer Freund die Pulsadern und schluckte gleichzeitig eine Menge Schlaftabletten - um kurze Zeit später auf der Intensivstation wieder zum Leben erweckt zu werden. Wieder ein anderer fühlte sich auf einmal gedrängt, auf dem Nachhauseweg eine Fensterscheibe einwerfen zu müssen. Apathisch nahm ich zur Kenntnis, dass sich ein weiterer Freund eines schönen Tages im Speicher seines Elternhauses erhängte und sein Kollege die Abgase in das Autoinnere leitete und sich dadurch das Leben nahm. Ein Kumpel, der ständig LSD nahm und auf einem Rheinschiff arbeitete, stürzte - wahrscheinlich unter Drogeneinfluss - vom Schiff und ertrank.

Im völlig zugetörnten Zustand schlichen wir spätabends mit dem 2CV (Citroen, „Ente“ genannt) über die Straßen, kaum wahrnehmend, wo es entlang ging. Manchmal, aus Übermut und unter großem Gelächter, wechselte ich die Straßenseite oder fuhr ein Stück auf dem Radweg. Größtes Gelächter löste es auch aus, wenn ich über die Straßenböschung fuhr, um dann - oft nach mehreren Versuchen - doch wieder heil auf die Straße zu gelangen. Bei jedem Begrenzungspfosten, den ich dabei fällte, wurde johlend Beifall geklatscht. Nach solchen Fahrten und umgerannten Plastikpfählen lagen wir dann irgendwo herum, hörten Musik, lachten blödsinnig und versuchten mit „Chips“ und „Flips“ unsere Genusssucht auszukosten.

Einmal war ich alleine unterwegs und blieb mit meiner „Ente“ auf der Rheinschanzinsel bei Philippsburg im Matsch stecken. Um rauszukommen, hätte ich einen Traktorfahrer bitten müssen, mir zu helfen. Außer einer Literflasche Wein besaß ich keinerlei „Mittel“. Unbändiger Frust bemächtigte sich meiner. Mit Fluchen und Lärmen umkreiste ich mein Auto. Ich soff die ganze Flasche Wein aus und projizierte meinen ganzen Lebenshass auf das Auto, haute bei Vollgas, ohne die Kupplung zu treten, die Gänge rein - und hatte nach 30 Minuten das Getriebe meiner „Ente“ zerstört. Schließlich musste das kaputte Auto doch von einem Traktor rausgezogen werden.

Eines Nachts kam ich nach Hause, setzte mich benommen auf den Bettrand und wollte gerade meine Kleider abstreifen, als plötzlich das Herz furchtbar zu stechen begann. Unvermittelt saß mir die Angst im Nacken. Jede auch nur leichte Bewegung verstärkte den Schmerz. Das Atmen fiel mir schwer. Ähnliches hatte ich schon einmal erlebt, nachdem ich im Drogenrausch auf der Straße zusammengebrochen war. „Eine falsche Bewegung“, so schoss es mir durch den Kopf, „und die Pumpe steht still“. Halb ausgezogen blieb ich in der Schräglage, den Oberkörper halb aufgerichtet, die Beine vom Bett herunterhängend, am Bettrand sitzen: *„This is the end“,* (Das ist das Ende) dachte ich und vermied jede, auch nur kleinste Bewegung. In den frühen Morgenstunden, nach zwei bis drei endlosen Stunden der Bewegungslosigkeit, sank ich dann völlig erschöpft ins Bett zurück - und lebte immer noch.

Auch hatte ich Panik (die Folge von Erinnerungen unter Peragon), als ich einmal einen furchtbaren Verfolgungswahn hatte. Ich kam nachts nach Hause, ging ins Wohnzimmer und da standen vier Personen, jedoch in einer anderen Dimension. Sie wirkten freundlich, zeigten aber bald ihr wahres Gesicht. Völlig teuflisch-dämonische Fratzen kamen auf mich zu und wichen auch wieder zurück. Ich versuchte mir einzureden, dass das ja nur Halluzinationen sind, merkte jedoch sofort, dass dies etwas anderes war. Eine unbeschreibliche Angst überfiel mich. Nicht einmal schreien konnte ich. Dann versuchte ich mich in mein Zimmer (damals oben) zurückzuziehen, aber diese Gestalten kamen hinterher. Ich schloss die Tür zu, aber sie kamen durch die Tür. Ich glaubte, wenn es eine Hölle gibt, dann habe ich jetzt einen Vorgeschmack davon. Zur Ruhe kommen war undenkbar. Schloss ich die Augen, waren sie da, öffnete ich die Augen, so waren sie auch da. Die Angst ging so weit, dass ich mich bald mit dem Kopf voraus aus dem Fenster gestürzt hätte und das schien auch das Ziel dieser Situation zu sein. Irgendwann verschwand die Sache wieder, doch der übliche ekelhafte Peragonabtörnzustand ging weiter...

„Freedom that´s what I want now!“
(Freiheit, das ist es, was ich jetzt will!)

Ja, das wollte ich auch: frei sein. Dabei meinte ich, Freiheit würde in völliger Unabhängigkeit bestehen. Darin, dass ich tun und lassen konnte, was ich wollte. Darin, sämtliche Empfindungen, Triebe, Feelings ungehindert ausleben zu können. Welch ein folgenschwerer Irrtum, denn das Gegenteil war der Fall: völlige Versklavung, gekettet an die eigenen irregeleiteten Wünsche und verlogenen Freiheitsvorstellungen.

Ich wollte von meinem Elend erlöst werden. Ich wünschte mir, freundlich zu sein und einem anderen ehrlich in die Augen blicken zu können. Ich wäre so gern innerlich ausgeglichen gewesen, statt stumpf rumzuhängen, unterbrochen von den erfolglosen Versuchen, meine Komplexe loszuwerden.

Neue Bekannte, die ich traf, waren heroinabhängig. Ein wahres Trauerspiel, diese Fixer. Wenn sie unter Entzug standen, raste ich mit ihnen nach Darmstadt, um neuen Stoff zu besorgen. „Waldteufel", so rief man einen von ihnen, nahm mich eines Tages beiseite und warnte mich eindringlich: „Setz dir nie einen ersten Schuss mit Heroin, denn wenn das Zeug tatsächlich gut ist, bist du für den Rest deines Lebens geliefert!" Seine Offenheit wunderte mich, denn ich vermutete, dass er mich bald einmal „anfixen" würde, um einen neuen Kunden zu bekommen.

Der Einblick, den ich in das Leben der Fixer gewann, wirkte auf mich abstoßend: Lüge, Betrug, Anschaffen, Diebstahl, Anfixen und dazwischen furchtbare Entzugserscheinungen mit Krämpfen und höllischen Schmerzen - kaum auszuhalten, bis das Gift wiederum durch die Adern floss, um Nerven und Körperzellen zu beruhigen. Und doch erfuhr ich aus den Erzählungen, dass einige von ihnen diesen Weg in die totale Abhängigkeit bewusst nach dem Motto von Janis Joplin begonnen hatten: *„Lebe kurz und intensiv!"*, was natürlich eine absolute Lüge war, denn intensiv war nur das Leid und das Elend.

Trotz dieser abschreckenden Beispiele saßen wir eines Tages zu dritt in meiner (inzwischen wieder reparierten) „Ente" am Straßenrand. Rainer, der Junkie, warnte mich sogar noch ein letztes Mal vor der Spritze, da er für die Folgen nicht verantwortlich sein wollte. Er hegte offensichtlich irgendwelche freundschaftlichen Gefühle mir gegenüber. Erst als ich ihn wiederholt und eindringlich darum bat, setzte er mir einen Schuss.

Ich fühlte mich danach völlig befreit und erlöst, konnte unbefangen auf andere Kumpels zugehen, wirkte ausgeglichen und freundlich. Ein Feeling, wie ich es zuvor noch nie erlebt hatte, beherrschte mich. Gefühle des Glücks und der Zufriedenheit ließen mich schließlich in den Morgenstunden einschlafen. Und die Folgen am nächsten Tag schienen mir gar nicht so schlimm zu sein. Es ging mir relativ gut, doch wie ein glühendes Brandmal in meine Seele eingebrannt herrschte ab diesem Moment bei mir die Überzeugung: Nur eine Sache bringt´s, und zwar eine Heroin-Spritze! Kiffen, Trips und Tabletten galten nun als lächerliches Zeug, die nur mein Hirn konfus machen würden. Heroin dagegen würde mich befreien und mich aus dem Elend erlösen.

„Hear my train coming..."
- der Lebenszug ist abgefahren!

Als mein aus der Psychiatrie entlassener Freund erkannte, was hier ablief, flehte er mich eindringlich an, mit ihm zur Drogenberatung nach Bruchsal zu kommen, denn er selbst war inzwischen den Drogen gegenüber sehr skeptisch geworden und hatte die zerstörende Wirkung durchschaut. Aber – ich war durchaus nicht gewillt mitzugehen. Er redete und redete auf mich ein und als er merkte, dass der nächste Schuss vor meiner Tür wartete, drohte er mich niederzuschlagen, wenn ich nicht wenigstens ein einziges Mal mit ihm ginge.

Mir war klar: Er würde seine Drohung wahr machen und so begleitete ich ihn unfreiwillig und unwillig zur Drogenberatung. Heute weiß ich, dass dies ein wichtiges Stück Rettung für mich war. In Gruppen- und Einzelgesprächen erkannte ich, wo ich eigentlich stand, wie verirrt ich war und dass Hilfe von außen nötig war, um (m)ein neues Leben aufzubauen.

Damals begann ich mit dem Schreiben eines Tagebuches, um ein Gegenüber zu haben, wenn mich Drogenlust und gähnende Leere locken und ersticken wollten. Indem ich meine Kämpfe niederschrieb, konnte ich besser darüber nachdenken. Das gab mir Kraft, um die nächsten Tage durchzuhalten.

Nachfolgend einige kurze Auszüge:

Freitag, 21. März 1980, 23.45 Uhr: „ Ich, Norbert Rösinger, will weiterexistieren. Ich will nicht weiter zum seelischen Wrack werden. Ich will mich vom Chaos entfernen und lernen, in der Realität zu leben. Ich will versuchen „neu“ zu werden. Ich will nicht mehr von Resignation gekennzeichnet sein. Ich will keine Euphorien mehr erleben. Ich will mich nicht mehr berauschen. Ich will mich nicht mehr ermorden wollen. Ich will endlich aus eigener Kraft zur inneren Ruhe gelangen, zufrieden und ausgeglichen werden.“

Sonntag, 23. März 1980, 23.00 Uhr: „Ich habe Angst, rückfällig zu werden und in Resignation zu versinken. Ich muss auf alle Fälle – ob Scheiß-Feeling oder nicht – nüchtern bleiben. Mich drängt der Gedanke an eine engere Beziehung zu einem Mädchen. Ich will nicht in einen Liebeszwang geraten, der in Resignation endet. Ich suche eine innere Befreiung. Ich will keine Angst mehr vor dem nächsten Tag, den nächsten Stunden, Minuten, Sekunden haben.“

Montag, 24. März 1980, 23.15 Uhr: „ Ich konnte die ganze Nacht nicht schlafen. Der ‚Drogenteufel‘ hat meinen Geist und meine Seele mit verschiedenen, nicht richtig definierbaren Anstichelaien verwirrt. Den gan-

zen Tag hat mich ein ekelhaftes, unklares Gefühl von Delirium beherrscht.

... Es kam soweit, dass ich aus lauter eingeengtem Gefühl starke Schreiausbrüche bekam, ich wurde aggressiv, wollte flüchten, mich „zumachen".

Ich flüchtete mich in den Rausch der Hendrix-Musik, musste aber gleich die negativen Folgen der Flucht wieder erkennen. Ich merke jetzt doch, dass sich durch das Absetzen der Drogen starke Löcher in der Gefühlswelt entwickelt haben, die ich irgendwie versuchen muss zu füllen, um nicht in der Resignation zu versinken."

Sonntag, 30. März 1980, 23.15 Uhr: „ Ich habe ein totales ‚Kotz-Feeling' und stecke absolut in der Resignation. Meine Gedanken sind nur noch ein wirres Bündel. Ich habe die Kontrolle über mich fast verloren. Die Angst vor dem ekelhaften Arbeiten ist unerträglich. Ich fürchte, durch die sich stauenden Arbeits-Aggressionen wieder in die Drogenwelt flüchten zu müssen. Im Augenblick habe ich keine Kraft mehr. Ich bin ausgelaugt und einsam, große Zukunftsangst überwältigt mich.

Gelegentlich hatte ich auch wieder einen beginnenden unerträglichen Verfolgungswahn und schreckliche Angst vor dem Tod, dem völligen Alleinsein. Ich halte dieses ‚Horror-Feeling' nicht mehr lange aus. Ich werde immer unzufriedener. Die ekelhaften Gefühle wurden in letzter Zeit immer stärker und hielten länger an.

Ich fühle mich wie in einem Käfig und habe keine Kraft, ihn zu zerbrechen. Ich will mich nicht hineinsteigern, aber es treibt mich wieder ins Extreme. Ich wollte, wenn ich es könnte, mich einfach töten, um richtig zu flüchten vor den Anforderungen des Lebens. Mich kann jetzt alles und jeder mal... Ich sehe einfach kei-

nen richtigen Weg mehr vor mir. Alles ist wieder so undurchsichtig und verbaut. Ich würde mich am liebsten „zurauchen". Ich halte diese Aggressionen kaum noch aus."

Soweit die Tagebuchaufzeichnungen. Nach vielen schweren inneren Kämpfen konnte ich, vor allem durch die Hilfe von außen, Schritt für Schritt ernüchtern und mit den Wochen wieder klarer zu denken beginnen.

Vier Monate später war ich wieder einigermaßen stabil und klar im Kopf. Die ein Jahr zuvor begonnene Ausbildung zum Industriekaufmann wurde mir nun etwas erträglicher.

Trotz einer gewissen Stabilität holten mich die tiefgehenden Fragen, das alte Grundproblem, wieder ein: Was ist der Sinn meines Lebens? Wozu lebe ich?

Die üblichen Aussagen dazu sind meist sehr oberflächlich. Beispielsweise: Ich lebe, um eine Familie zu gründen, ein Haus zu bauen, anderen zu helfen und und und... Meine Frage war die: Warum soll ich mich morgens früh schon aus dem Bett quälen, mich in die Schule oder zur Arbeit schleppen, wenn doch das Leben keinen rechten Sinn hat? Warum Familie, Haus, anderen helfen usw., wenn letztlich doch alles vergänglich ist und sich das ganze Leben vielleicht nur als ein übler Zufall entpuppt?

Da schien mir die Antwort von Janis und Jimi doch konsequenter: kurz und intensiv.

„Purple Haze and show me the way to the next whisky bar" (J. Morrison).
Mach dich zu und dann ist Ruh'!

Dieses Mal wollte ich jedoch nicht mehr Sklave der Drogen werden, sondern die Drogen aus eigener Kraft heraus beherrschen. Wenn man vier Monate nüchtern war, dann törnt alles wieder bestens. Gras und Shit, das sollte genügen - und die ersten Wochen schien das auch ganz gut zu klappen. Aber: Hasch macht lasch!

Bei der Arbeit wurde ich unkonzentrierter, alles war wieder zu einer Last geworden. Das dauerte eine Weile, bis der Konsum anwuchs. Öftere Kiffpausen auf dem WC ‚erleichterten' die Arbeitsqual. Die ganze Bude stank manchmal nach Gras und der Chef wunderte sich über die seltsame Tabaksorte.

Mein Chef war allerdings sehr bemüht, mich nicht fallen zu lassen. Als ich einmal am Ausrasten war, holte er den Lagervorarbeiter, um mich zur Drogenberatung zu fahren. Auch durch persönliche Gespräche wollte er helfen. Das erstaunte mich schon, da ich dachte, die Spießer seien froh, wenn ihnen solch ein *Xox* (Irrer) vom Halse bleibt. Ich begann zu realisieren, dass es nicht mehr lange gut gehen würde. Die Fixer waren weiter abgewrackt und ein richtiger Törn lockte mich mit zunehmendem Maße.

Alternatives Leben

In der Kellerbar, auf den Matratzen liegend, träumten wir den Traum des Aussteigers. Alles Übel kommt von der spießigen Wegwerfgesellschaft. Darin vegetieren wir, werden manipuliert und mitgeschleift, die Kapitalisten sind die Ausbeuter und wir sind gezwungen, das Spiel mitzuspielen.

Unsere Lösung ließ nicht lange auf sich warten: Raus aus Westeuropa in ärmere Länder. Zurück zur Natur: einfach, bewusst und meditativ leben und denken.

Ein Freund war zwei Jahre zuvor mit dem Fahrrad allein nach Indien gefahren und kam dort auch lebendig an.

Schließlich kehrte er auch heil mit dem Bike zurück. Er war unser absolutes Alternativ-Idol.

Allerdings war er einige Jahre älter, sehr naturverbunden, kein starker Drogenvagabund, sondern ein richtiger Alternativer. Wir dagegen kaum belastbare „Hänger" und Möchtegern-Alternative.

Lange vorbereitet, verkaufte ich fast sämtliche Musik-LP's und meine Stereoanlage und rief dann eines Morgens meinen Chef an, um ihm mein endgültiges Aus mitzuteilen. Dieser konnte die Neuigkeit nur wortlos zur Kenntnis nehmen, da ich den Hörer gleich wieder auflegte. Meine Eltern waren verzweifelt über solch eine Schande, die Großmutter rastete völlig aus. Obwohl sie alle schon vieles erlebt und ertragen hatten, schlug dies jetzt dem Fass den Boden aus... .

Nichts wie weg!

Die Route war klar. Die Fahrräder mit dem Zug nach Rijeka und von dort nach Griechenland, weiter in die Türkei, Richtung Israel. Kibbuz...?

Als wir in Rijeka angekommen waren, radelten wir eifrig los, Richtung Zadar, der Küstenstraße entlang. Es regnete. Mit der Zeit waren wir durchnässt und schoben den ersten Frust. Die Räder kamen schließlich wieder auf den Zug. In Skopje war der nächste Stopp. Dort verbrachten wir ca. 10 Tage auf dem Bahnhofsgelände. Der Grund war: Unsere Fahrräder waren angeblich nicht angekommen. Überall hingen Bilder von Tito. Ich fand es komisch, alle zehn Meter den Staatschef zu sehen...

Mein Kumpel hatte noch in Deutschland etliches Haschisch in Silberpapier verpackt und die Brocken geschluckt. Er war nun eifrig damit beschäftigt, auf dem völlig heruntergekommenen Bahnhofs-WC die Teile aus dem „großen Geschäft" herauszufischen. Eine Nacht gingen wir sogar ins Hotel, da es auf dem Bahnhof kaum noch auszuhalten war. So rauchten wir und rauchten, bis unsere Brocken verkifft waren.

Durch die Mithilfe einer deutsch sprechenden Person merkten wir, dass sich unsere Räder die ganze Zeit auf dem Bahnhofsgelände befunden hatten, aber der Aufpasser sie für sich auf die Seite gestellt hatte. Als er merkte, dass er durchschaut war und es Stunk geben könnte, rückte er die Fahrräder raus.

Zur gleichen Zeit trafen zwei weitere Deutsche im Bahnhof ein. Ein Mann aus Hamburg, der nach Kreta wollte und einer aus Berlin, der noch nicht wusste, wie es weitergehen sollte. Nachdem wir uns kennen gelernt hatten, trennten sich die Wege. Mein Freund ging mit dem Hamburger nach Kreta und ich blieb mit dem Berliner zurück.

Der Berliner, Werner May, war 20 Jahre älter als ich und genau so lange schon in der Welt unterwegs: Indien, Australien, Holzfällen in Kanada und Alaska. Er half, „Christianie" (eine Freakstadt in Selbstverwaltung) in Kopenhagen aufzubauen. Nun wollte er nach Griechenland. An der Grenze wurde er zurückgewiesen und so versuchte er, über eine andere Stelle mit dem Zug hineinzukommen. Sein Fahrrad und fast alles, was er besaß, „reisten ein", er jedoch wurde zurückgewiesen. Als nach einigen Versuchen klar wurde, dass Rad, Bücher usw. für immer verschwunden waren, entschlossen wir uns, nach Sizilien zu reisen, da er dort seit dem letzten Jahr noch ein anderes Fahrrad stehen hatte.

Einer von uns sollte nun trampen, der andere mit dem Rad fahren. Da ich der Faulere war, durfte ich trampen.

Immer wieder trafen wir uns und gingen ein Stück zusammen. Ich kann mich gut an eine Stelle erinnern, als auf einem Feld süße, große, grüne Trauben wuchsen, die sonst nur im deutschen Supermarkt erhältlich waren.

Einmal nahm mich ein Autobus mit, ohne Geld dafür zu verlangen – zum Verdruss einiger Fahrgäste, deren grimmige Blicke auf nichts Gutes schließen ließen.

Alternatives Feeling

Bald stießen wir auf ein völlig abgelegenes Dorf, das in einem Tal lag. Am „Ende der Zivilisation"... Kinder kamen gesprungen, freuten sich, redeten auf uns ein. Ich fühlte mich verunsichert, aber davonlaufen konnte ich nicht und so ging ich mit ins sehr verarmte Dorfzentrum. Wenige Häuser, viele Menschen. Die Leute waren sehr freundlich. Werner jedoch war die Lage nicht so geheuer und so verschwanden wir bald wieder. Zwischendurch eine Übernachtung im Wald, nachdem wir zuvor bemerkt hatten, dass uns einige Burschen sehr kritisch beobachteten. Dann brach die Nacht herein und es begann zu regnen. Werner improvisierte mit einer Plastikplane eine Überdachung. Nass waren wir schon und ich hatte so ein richtig alternatives Feeling!

Alle Einzelheiten der Reise weiß ich nicht mehr. Auf jeden Fall trennten wir uns, um uns an der Küste in etwa einer Woche wieder zu treffen. Irgendwann erreichte ich Pec (Kosovo) und wollte mit dem Bus weiter.

Auf dem Busbahnhof von Pec, abends um 20 Uhr, fiel ich völlig ermattet auf meinen Rucksack, meine Gitarre neben mir. Mein Bus sollte am nächsten Morgen gehen. Mir schien es, als ob mir überall einige auflauerten, um mir mein Zeug abzunehmen. Verzweifelt kämpfte ich gegen den Schlaf. Da saß ich nun, völlig verlassen und einsam. Die Busstation leerte sich. Mitternacht rückte immer näher. Draußen Dauerregen. Was sollte ich tun? Um Mitternacht würde der Busbahnhof geräumt werden...

Plötzlich kam ein Mann auf mich zu und gab mir zu verstehen, dass ich ihm folgen solle. Er schloss mir sein Büro auf und erklärte, dass ich auf dem Boden schlafen könne. Allerdings müsse er fünf Stunden lang zuschließen. Für mich ein Wunder! Hätte ich als „Greenhorn“ in dieser Nacht den Bahnhof verlassen müssen, wer weiß, was dann geschehen wäre.

Richtig erleichtert kam ich dann am Küstenstädtchen Bar (das gegenüber dem italienischen Bari liegt) an. Von Werner war nichts zu sehen. Die Badesaison war vorbei und so campierte ich am Strand. Ein junger Mann kam auf mich zu und nahm mich mit zu sich nach Hause. Als ich einige Hendrix-Platten sah, war ich schon voller Hoffnung, hier in guten Händen zu sein. Der Vater meines Gastgebers war vor zwei Jahren gestorben und so lebte er mit seiner Mutter zusammen. Als sie von der Arbeit kam und mich sah, gab es ein lautes Geschrei und Gezeter und schließlich musste ich wieder verschwinden.

Wohin jetzt? Vor Jahren war hier ein starkes Erdbeben gewesen und viele Häuser waren immer noch beschädigt. Etwa zwei Kilometer weiter standen etliche kleine Strandvillen leer, jedoch abgeschlossen. Auf eine Villen-Terrasse konnte ich jedoch gut klettern, und so breitete ich dort meinen ganzen „Krempel“ aus. Die Nacht brach herein und ich war mal wieder allein und verlassen. Ich kam mir vor wie in einer Geisterstadt. Schwer beschädigte Häuser, tiefe Risse, alles verlassen. Langsam wurde es ungemütlich. Eine Flasche starken jugoslawischen Wein hatte ich noch und ich beschloss, diesen leer zu trinken. Meine Unruhe wich. Im Übermut packte ich meine Gitarre aus und begann erst leise, dann immer lauter zu spielen und zu singen. Nach drei Stunden „Balkonkonzert“, ich war völlig in die Musik versunken, als mich jemand wie aus heiterem Himmel anschrie. Ich öffnete meine Augen und schaute geradewegs in den Lauf eines Revolvers, der mir etwa 20 cm vor mein Gesicht gehalten wurde.

„This is the end!“ (Das ist das Ende!) – so durchfuhr es mich, und in Todesangst stieß ich einen Schrei aus. Geschossen wurde nicht. Der Mann mit dem Revolver war ein Aufpasser oder eine Art bewaffneter Nachtwächter. Er schrie mich immer wieder an, bedrohte mich weiterhin mit seiner Waffe und gab mir zu verstehen, dass ich verrückt sei, mitten in der Nacht so einen Lärm zu machen. Ich je-

doch hatte eher den Eindruck, dass er der Verrückte sei und verhielt mich ganz ruhig und vorsichtig, denn hier war ja alles unbewohnt. Er nahm mich schließlich mit in Untersuchungshaft, um mich später wieder laufen zu lassen.

Die nächsten Tage verbrachte ich am Strand. Ich war der einzige Strandurlauber. „Zum Glück sind alle ‚Spießer' schon zurück in Deutschland", dachte ich.

Am Strand fällt man als Einzelperson auf. Einmal versuchten zwei verludert aussehende Frauen mit einem kleinen Kind sich mir zu nähern. Ihre Absicht war unverkennbar. Eine der Frauen sollte mich ablenken, die andere alles klauen, was ging. Es war sehr mühselig, die Lage im Griff zu behalten...

Endlich, nach einigen Strandnächten, tauchte Werner auf. Die Reise musste sehr hart für ihn gewesen sein und er war froh, mich hier anzutreffen. Außerdem hatte er sich Sorgen um mich gemacht, denn so ein junger und unerfahrener Kerl könnte eine schnelle Beute für undurchsichtige Typen sein.

Als wir mit der Fähre zum italienischen Bari übersetzten, war ich sehr erleichtert. Die letzten Wochen empfand ich zum Teil als abstoßend. Obwohl ich selbst zwar auch keine Wertmaßstäbe besaß, empfand ich das, was ich mit einzelnen Leuten erlebt hatte, als regelrecht pervers und widerlich. Die Männer redeten fast nur von Sex und Frauen und wollten entsprechende Tipps geben, Frauen wiederum versuchten einen anzumachen... ekelhaft und abstoßend! Hierher würde ich garantiert nicht mehr kommen. Später wurde mir dann klar, dass dies überall ähnlich ist, wenn man auf der Straße unterwegs ist.

Das italienische Flair tat richtig gut und nach einer unruhigen Nacht auf einer Holzbank am Deckrundgang von Bari ging es weiter nach Sizilien.

Die Italiener schienen mir vertrauter und umgänglicher. Bevor wir zu Werners altem Stützpunkt kamen, machten wir eine Woche „Urlaub" auf der Insel Vulcano und schliefen dort hinter einem Felsen nahe den heißen Quellen. Drei wunderschöne Inseln befinden sich hier: Vulcano, Stromboli und Lipari. Auf Vulcano gab es einige Höhlen, in denen vereinzelte Aussteiger hausten. Einmal kletterten wir zum Vulkan hoch, der vor rund 100 Jahren das Leben auf der Insel zerstört hatte. Je weiter wir uns querfeldein höher bewegten, um so heißer und bröckelnder wurde der gelbliche Boden. Immer öfter rauchte es heißen Schwefel.

An einer steilen Stelle rutschte ich etwas vom Weg. Ich suchte nach einem Halt, der Schwefelboden war aber so heiß, dass ich nichts anfassen konnte. Es ging nicht vorwärts und nicht rückwärts, der Boden bröckelte. Langsam schien mir die Lage brenzlig. Ich wollte nicht etliche Meter abrutschen und mir noch ein Bein brechen. Zum Glück überblickte Werner die Lage und dirigierte mich aus der Misere heraus. Er half mir, indem er mich vorsichtig zu sich zog. Oben angelangt kletterte ich in den stillen Vulkankrater hinein. Dort rauchte es nicht nur an den Seiten. Natürlich musste mein Freakzeichen in den Sand gemalt werden, damit jeder es von oben sehen konnte.

Anarchia: völlige Gesetzlosigkeit, nach meinem Drogenverständnis:
„Ich tue nur, was ich will und wozu ich Lust habe."

Hier auf Vulcano trafen wir ein knapp 60-jähriges Ehepaar aus Nürnberg, die Urlaub machten. Vor vielen Jahren waren sie zur Hochzeitsreise da gewesen und wollten die alten Stätten wieder mal aufsuchen. Sie waren sehr lieb zu uns und redeten freundlich. Auch gaben sie uns immer wieder etwas zu essen - eine schöne Erfahrung für mich.

Von Milazzo nach Tindari

Die Überlebenskünste des Werner May waren beeindruckend! Ich, den Seesack auf dem Buckel und Werner, sein Fahrrad neben sich herschiebend, so kamen wir am Müllplatz von Milazzo vorbei. Werner hatte immer alles im Blick. Ihm schien nichts zu entgehen. Da entdeckte er am Wegrand etwa 30 Pfund gelbe, harte Erbsen und ungefähr die gleiche Menge harter Bohnen. Bei den Erbsen waren pro Erbse 1-2 Würmer drin. Alles wurde eingesammelt und in Plastikbeutel verpackt. Auch etliche Kleidungsstücke lagen rum. Die beschlagnahmte Werner ebenso. 30 Meter weiter funkelten goldfarbene Behälter aus dem Müll. Im Nu waren sie inspiziert. Beschriftung: Schulterpökelfleisch vom Schwein aus Dänemark. Es waren 27 Dosen à 10 Pfund, also 270 Pfund Fleisch. 10 Dosen waren aufgebläht und wahrscheinlich schlecht. 170 Pfund jedoch sahen gut aus. Werner, der seit 5 Jahren Vegetarier war, erklärte nur, dass man solch einen Fund dankbar mitnehmen sollte und das Vegetarierdasein daher eine Zeit lang aufgeben muss.

Als wir den Müllplatz verließen, waren wir schwer bepackt. Werner kam einige Tage später hierher zurück, um die restlichen Behälter zu holen. Unterwegs ging er zu einem ihm bekannten Metzger und zeigte ihm eine Dose. Dieser untersuchte den Inhalt und meinte: sehr gute Qualität, man könne es ohne Bedenken essen. Er vermutete, dass die Behälter gestohlen worden waren und nachdem man keinen Abnehmer gefunden hatte, schmiss man das Zeug vor wenigen Tagen auf den Müllplatz.

In Tindari, nahe der Kirche, wollten wir uns nun wieder treffen. Es regnete. Wohin nun? Da saß ich mitten in der Nacht vor der Kirche. Dahinter fiel das Gelände rund 200 Meter zum Meer ab. Alles mutete kühl und ungemütlich an. Zum Glück entdeckte ich einen Marktstand, d. h. einen Tisch mit herunterhängenden Seitenteilen. Da es darunter noch trocken war, breitete ich Isomatte und Schlafsack aus. An Schlafen war jedoch nicht zu denken. Der Wind pfiff kräftig und ich war damit beschäftigt, den Tisch festzuhalten. Gegen Morgen wurde es besser und ich konnte doch noch einschlafen. Als die Marktleute kamen, waren sie äußerst überrascht über den nächtlichen Pilger. Einige warteten auf den Bus. Alle gafften nach dem Mann „vom Mond". Ich kroch noch benommen aus dem Schlafsack und war froh um die freundlichen Italiener. Einige Meter weiter begann ein Bautrupp zu arbeiten. Einer der Bauarbeiter konnte etwas Deutsch. Noch heute klingen mir seine eigentlich unbedeutenden Worte in den Ohren: „In Deutschland arbeiten mit Hammer und Pickel."

Die wunderschöne Umgebung mit ihren steilen Klippen, dem schäumenden Meer und den weit verstreuten Olivenhainen beeindruckten mich. Etwa 300m die Serpentinen nach unten lag abseits in einem weitflächigen Olivengarten unsere Villa Amato, zu der wir uns aufmachten, als schließlich auch Werner angekommen war. Es handelte sich um eine vor vielen Jahren verlassene alte Villa. Natürlich waren keine Möbel mehr da und Fensterscheiben fehlten auch. Oben auf dem Dach war eine Kammer ohne Fenster mit offenem Eingang, hinten ein Vorratsraum. Über den Hang des Olivenhains gelangt man über eine kurze Brücke direkt ins Dach und in diese Kammer. Unten hatte Werner die alte Wasserleitung untersucht und brachte sie in Gang.

Ich war von den Socken. Wunderbares Wetter, beste Aussicht zu den Bergen Richtung Montaalbano. Eine absolut alternative Villa für uns allein. Das wurde am Abend gleich kräftig mit schwerem sizilianischem Wein gefeiert, auf dem Freiraum des Daches sitzend.

Was sollten wir in Zukunft essen? Ein Plan wurde entworfen. Zunächst sollte ich 2 Tage kein Fleisch essen. Werner meinte, falls es doch schlecht wäre, dann kommt wenigstens einer ungeschoren davon. So aß er 2-3 Pfund Fleisch in sich hinein und als er keine Krämpfe oder ähnliches bekam, wurde das Fleisch unser Hauptnahrungsmittel. Wir fühlten uns wie die Könige von Tindari. Die „Spatzen“ waren uns in den offenen Mund geflogen.

Unser Tagesablauf sah wie folgt aus: Wir legten uns abends „mit den Hühnern“ nieder und standen morgens mit ihnen wieder auf (ca. 5.30 Uhr!). Ich sammelte Holz und Reisig. Da es dort kaum Holz gab, musste ich jedes brennbare Teil suchen. Werner weichte vorher Bohnen ein und bereitete die Feuerstelle vor.

Zuerst kamen Bohnen oder Erbsen in den Campinggeschirrtopf. Als alle Würmer nach oben gekommen waren, entfernten wir diese. Das Feuer wurde angesteckt. Werner verstand es hervorragend, mit wenig Brennmaterial gut kochen zu können. Er erzählte mir, dass in Indien oft mit Kuhfladen und ähnlichem gewärmt und gekocht wird. Unser hartes Gemüse musste 1-2 Stunden vor sich hin kochen, bis es genießbar wurde. Dazu kam dann eine gute Portion Pökelfleisch. Werner entdeckte auf dem Gelände wilden Spargel, Brennnessel und Pfefferminze, die wir dazugaben, auch als Würze. Gesalzen war unsere Mahlzeit durch das Pökelfleisch. Morgens, mittags und abends die gleiche Zeremonie und die gleichen Portionen. Mit der Zeit legten wir beide an Gewicht zu. Da es

Unmengen an Oliven gab, sammelten wir diese und legten sie einige Tage in Salzwasser, um dann bei allen Mahlzeiten 30-40 Oliven zusätzlich zu essen.

Eines Tages suchte Werner den Besitzer einer Orangenplantage auf, um diesen zu fragen, ob er das auf den Boden gefallene Obst aufsammeln dürfe. Der Besitzer erlaubte das. So kamen bald noch viele frische Orangen in unseren Vorratsraum und versüßten unser Wasser.

Zur Kastanienzeit fuhr Werner 30 km in die Berge hinein und kam voll gepackt mit Esskastanien zurück, die dann ebenfalls noch auf den Speiseplan kamen.

Immer wieder schleppte er auch Kleidung an, die er gefunden hatte, so dass wir bald theoretisch einen Hilfstransport hätten zusammenstellen können.

Eines Tages schickte mich Werner ebenfalls zum Kastanien sammeln. Ich radelte von der Klippe in Serpentinen an Olivenhainen vorbei nach Falcone. Eine wahrhaft gewaltige Abfahrt! Kam ein Auto, so war dies schon von weitem zu hören. Die Sizilianer hupen nämlich vor jeder Kurve und Kurven gab es viele...

In den Bergen brach bald die Nacht herein. Ich übernachtete im Wald. Kastanien fand ich allerdings keine. Im nächsten Dorf lernte ich einen alten Mann im Rollstuhl kennen. Er konnte einige wenige Brocken Deutsch und zeigte mir voller Begeisterung einige Münzen aus der Weimarer Zeit in Deutschland. Sein Enkel musste mit mir zu ihrem Gartenhaus fahren und am nächsten Morgen Kastanien suchen helfen. Die Nacht durfte ich im Gartenhaus verbringen und wurde auch gleich noch bewirtet. Erneut eine sehr schöne Erfahrung, wie unbefangen und herzlich die Leute auf mich eingingen. Viele Kastanien waren es nicht, die ich mitbrachte. Es scheiterte an meiner Faulheit. Besser bequem an den Fleischtöpfen zu sitzen, als sich für die Esskastanien abzuplagen. So kam ich zurück. Werner konnte manchmal meine Faulheit und Antriebslosigkeit nicht mehr ertragen.

Zwischendurch kauften wir einige Kilo Mehl und Werner lehrte mich, am offenen Feuer Brot zu backen wie in Indien (Flachbrote *,Schapati'*), was ich dann auch gut beherrschte.

Der schwere Rotwein sorgte für gelegentliche Umtrunke, die dann meist im Rausch endeten. Unten an der Straße befand sich ein Dorfcafé mit Bäckerei. Ab und zu tranken wir dort einen Cappuccino. An einem Tag wollten wir unbedingt noch zusätzlich ein Maisbrot holen. Alles war ausverkauft. Nur ein Maisbrot, ca. eine Woche alt und ausgehärtet, lag noch da. Für umgerechnet 10 Pfennige erwarben wir es. Ich habe den leckeren Geschmack noch im Mund. Man musste kauen ohne Ende. Je länger man kaute, um so geschmacksintensiver wurde es.

Tindari hatte ca. 50-100 Einwohner. In der Nähe des Cafés wohnte ein ehemaliger Gastarbeiter, der in Stuttgart gelebt hatte. So konnten wir manchmal im schwäbischen Dialekt einige Worte wechseln. Werner war hier allgemein bekannt. Man war nicht sonderlich begeistert von uns, aber wir wurden geduldet. Werner traf sich öfter mit einem Gastarbeiter, der viele Jahre in Australien gelebt hatte und so klopften sie im *Australian Slang* große Sprüche und tauschten Erinnerungen aus.

Die Wochen plätscherten so dahin. Holz sammeln, Essen kochen, Oliven sammeln, *Schapati* backen, Wein trinken und die Landschaft genießen. Kleine Schafherden durchstreiften öfter unseren Olivengarten.

Alle Träume schienen erfüllt. Mitten im Paradies, Essen gab´s genug. Interessant war: Je öfter wir das Gleiche aßen, desto besser schmeckte es uns und wir aßen 3x täglich dasselbe.

Pläne wurden geschmiedet. Werner meinte, wir sollten einen Kleiderhilfstransport nach Kairo vorbereiten. Seine Idee war, über den sizilianischen Hafen Catania oder über Syrakus zur libyschen Küste überzusetzen und anschließend die Küstenstraße entlang über Alexandria nach Kairo zu fahren. Dazu wollte er zwei Segel für die Fahrräder bauen, um die Winde zu nutzen und mit den Rädern an Land zu segeln.

Heute klingt das utopisch, aber dieser Werner May war ein Original und was er sich vorgenommen hatte, zog er meist durch. Ein eiserner Kämpfer! Er hat mir immer viel erzählt. 1957 war er das erste Mal nach Indien über den Landweg gereist. Durch Afghanistan wurde er als deutscher Reisender regelrecht eskortiert, damit ihm ja nichts zustieße.

Nachdem er später geheiratet hatte, reiste er nach Kanada und Alaska zum Holzfällen. Seine Frau verließ ihn eines Tages und nahm die Kinder mit. Sie ertrug die Lebenslage nicht mehr, was ich sehr gut nachvollziehen konnte. Werners Sohn war so alt wie ich.

Werner brüllte mich manchmal an, weil er diese stumpfsinnige Langeweile von mir nicht mehr ertragen konnte. Er schrie mir Dinge ins Gesicht, die ich zwar von zu Hause kannte, aber immer abgetan hatte.

Das Problem bin ich selbst

Eines Tages, ich erinnere mich noch gut daran, saß ich im Tindariolivenhain mitten im Paradies (Werner sagte immer, hier sei das biblische Paradies gewesen) wie die Made im Speck. Da überfiel mich schlagartig die ganze Wahrheit (Werner war gerade auf Reise). Diese ‚Scheißwegwerfgesellschaft', die mir angeblich das Leben zur Hölle machte, und all die dazugehörigen Spießer sind gar nicht das eigentliche Problem. Du bist das Problem! So, als würde mir mein Gewissen diesen Satz ins Innerste schreien und tief einbrennen.

Du bist das Problem! Dein verdorbenes, versautes und kaputtes Inneres! Du bist ein völliges Nichts, ein elender Dreckhaufen, so bist du!

Ich war zutiefst über diese Gedanken bestürzt und wusste aber gleichzeitig, dass dies die Wahrheit war. Ich spürte es, konnte aber nicht davonlaufen, denn das war ich ja bereits. Ich begann herumzubrüllen und irgendwie schrie ich zu Gott.

Im Dorf sagte jemand zu Werner, dass wir hier weg sollten. Eines Morgens, als ich allein in der Kammer aufwachte, fehlten die zwei Brote, die neben meinem Kopf lagen. Eine sehr merkwürdige Sache. In der nächsten Nacht traute ich mich nicht mehr allein über die Brücke, als ich unbedingt ein großes Geschäft machen musste. Daraufhin wickelte ich das Zeug in Papier und warf es weit in die andere Richtung.

Dass jemand hier gewesen sein musste, war mir klar. Das nächste Mal würde mir die Mafia vielleicht die Gurgel durchschneiden...

Eines Morgens waren die Berggipfel mit Schnee bedeckt. Sogar in Libyen fiel Schnee. Zuvor hatte es ein starkes Erdbeben in Mittelitalien gegeben.

Wir zogen uns so warm wie nur möglich an. Einen Ofen hatten wir nicht. Die Leute kamen aus dem Dorf hoch und rissen von der hinteren Scheune Holzbarren raus, um sie unten zu verbrennen. Dort hatten sie einen Raum, in dem Feuer gemacht wurde und die Leute drumherum stehen konnten. Normalerweise braucht man in dieser Gegend überhaupt nicht zu heizen.

Auch wir waren völlig überrascht. Werner baute aus einem großen Blechbehälter einen kleinen Ofen. Oben schnitt er ihn auf, zündete draußen ein Feuer in dem Behälter an, bis eine heiße Glut drin war, die wenig rauchte. Das Ganze stellten wir in unsere steinerne Dachkammer. Am Morgen ging ich an unsere Essfeuerstelle - ich hatte Reisig klein gemacht - und begann in der Asche zu stochern. Im gleichen Augenblick schoss eine schwarze ca. 1 ½ Meter lange Schlange aus der warmen Asche heraus. Zum Glück war sie genauso erschrocken wie ich und entwich. Es war ungemütlich kalt. Der Wind pfiff uns um die Ohren. Werner suchte sich warme Stoffteile und nähte ein Paar Handschuhe, die für mich waren – allerdings keine Fingerlinge.

Da es auf Weihnachten zuging, meinte er, es wäre Zeit, dass wir uns mal einige Wochen trennen, damit er sich von mir erholen könne. Er schlug mir vor, nach Haarlem in den Niederlanden zu trampen. Dort könnte ich kostenlos bei Freunden leben und - wenn ich wollte- auch 1 bis 2 Monate bei der Plattenfirma CBS jobben. Auf dem Weg dorthin sollte ich meine Eltern besuchen, damit sie wussten, dass ich noch am Leben war. Außerdem gab er mir noch Adressen in Amsterdam, wo ich einige Bücher abholen sollte.

Da ich keinen Rucksack hatte, sondern das Gepäck auf das Fahrrad und die Satteltaschen verteilt war, improvisierte Werner aus einer gelben Plastikbabytrage einen Rucksack. Darauf schnürte er meinen dunkelgrünen Seesack. Bequem war es nicht, da das Gewicht stark nach hinten zog. Wir verabschiedeten uns, um in rund zwei Monaten wieder zusammenzutreffen. Nach 2 ½ Tagen war ich in der Heimat.

Zweifelhaftes „Heldentum"

Als ich das letzte Stück meiner Reise per Zug zurückgelegt hatte und in Bruchsal ankam, marschierte ich sofort zur Drogenberatung. Ich platzte rein und berichtete den Therapeuten von unserem humanitären Vorhaben in Kairo. Sie verhielten sich, wie sich solche Therapeuten erst einmal verhalten: Sie schweigen und hören zu! Zeit war kaum, etwas zu entgegnen, zu überrascht waren sie. Ich wollte auch nicht bleiben; dachte mir eben, wenn ich schon da bin, dann sage ich kurz Hallo.

Gegenüber befindet sich nämlich der Center. Hier treffen sich die Junkies und viele Kiffer. So kam ich an und habe viele Bekannte getroffen. Wie ein Held wurde zu mir aufgeschaut. Der hat's geschafft und hat den Mut gefasst abzuhauen. An coolen Sprüchen meinerseits mangelte es nicht. Was mir in Sizilien bewusst wurde, verdrängte ich und ich fühlte mich wirklich wie der große Aussteiger. Besonders bewundert wurde mein origineller Aufzug. Den ganzen Tag hing ich bei Freunden rum und war abends in unseren Kneipen und dem Jugendzentrum immer noch im Siziliendress.

Apropos Jugendzentrum: Unsere Hauptanlaufstelle war das „Jugendzentrum in Selbstverwaltung"; selbst verwaltet wurden vor allem die Drogen.

Heilig Abend zu Hause. Werner hatte recht: Eltern und Oma schienen erleichtert und froh, dass das „schwarze Schaf" da war. In den zwei Wochen zu Hause lernte ich neue Leute kennen, die noch nicht so abgefahren waren. Wir buken zusammen Pizza und feierten in kleiner Runde Silvester.

Doch der ganze Wohlstand bedrückte mich mehr und mehr; so richtig entfremdet hatte mich das Leben unterwegs. Nach zwei Wochen wollte ich nach Holland trampen und lernte kurz vorher Frans Sejikens, einen Holländer, kennen. Er war gerade mit seiner Freundin Tini in St. Leon bei Christian, dem Geiger, der mir meine Stereoanlage abgekauft hatte.

Anmerkung zu Christian, dem Geiger: Wir hatten eine Weile eine Band, bei der wir mehr Krach als Musik machten. Zwei Gitarren, ein Bass, ein Trommler und gelegentlich ein Geiger. Es scheiterte daran, dass zwar jeder recht gut spielen und improvisieren konnte, aber das Zusammenspielen eher ausartete. Man spielte sich gegeneinander aus. Der Name lautete *,Wood'*. Zu richtigen geregelten Auftritten kam es, mit wenigen Ausnahmen, nie.

Zurück zur Hollandfahrt: Eben dieser Frans nahm mich mit. Er hatte auch einen schönen Brocken Kiffzeug in der Tasche. In Holland waren kleine Mengen Haschisch erlaubt. Das fand ich stark, finde es heute allerdings ein Unding, Drogen legalisieren zu wollen. In Eindhoven angekommen ging es die schmale Treppe hoch unters Dach und hier konnte ich mit Frans zusammen im Zimmer übernachten. Abends begrüßten wir noch seine Freunde beim Kino.

Am anderen Morgen brachte er mich (wieder Schneematsch auf den Straßen!) an eine gute Trampstelle. Was ich hier das erste Mal sah, war, dass man an den Tankstellen auch Gas tanken kann. Das überraschte mich, denn ich meinte, dass es bei einem Zusammenstoß eine gewaltige Explosion geben müsse. Es ging ganz gut nach Haarlem (heute denke ich bei Haarlem an Corrie ten Boom, die in einer ähnlichen Straße wohnte) - Van Marumstrat 17.

Eine Erfahrung ganz besonderer Art: Ich grüßte von Werner May und bekam ein Zimmer im 1. OG zugewiesen. Werners Freund war nicht da. So war ich hier und sah keinen Menschen mehr. Überall hingen kaputte Spiegel. Scheinbar meditierten die Freaks und waren schon zu abgedreht. Kurz erklang eine Trompete, einige Stimmen und dann war wieder Ruhe. „Hier wohnen und bei CBS malochen, das halt ich nicht durch." Ich erledigte meinen Auftrag in Amsterdam. Dort wurde ich ständig angerempelt, ob ich nicht ‚Shit‘ kaufen wolle. Das ging mir bald schwer auf den Keks. So bereitete ich mich schon nach eineinhalb Wochen vor, wieder wegzugehen.

Da das Wasser vom Rhein sehr schlecht war, musste ich das Trinkwasser zu gesalzenen Preisen kaufen. Das war zu viel für mich und ich zog ab, ohne mich richtig von jemandem verabschieden zu können. Keiner hatte Notiz von mir genommen.

Drei bis vier Wochen zuhause und der Frust hatte mich wieder fest im Griff.

Regelmäßig den Kopf zurauchen, das konnte auf die Dauer nicht gut gehen. In einer Kifferkneipe (Plüsch) traf ich dann einen ‚Alternativen‘, Uli Maus. Er sagte, dass er nach Israel in den Kibbuz gehen wollte, von dort aus in den Sinai und nach Ägypten. „Das ist was für mich!“ Nach Israel wollte ich sowieso mal und jetzt hatte ich Ulis Adresse.

Schon kurze Zeit später folgte ich ihm. Mit dem Zug ging es nach Athen. In meinem Abteil saßen zwei jüngere Leute, die kurz nach der jugoslawischen Grenze aus dem Zug geholt wurden, nachdem festgestellt worden war, dass es sich bei ihnen um Juden handelte.

Ab Zagreb wurde der Zug gerammelt voll. Weiter ging es über Belgrad und Skopje bis Athen. Dort wollte ich auf ein Schiff nach Haifa und die Kosten für die Fahrkarte durch Arbeit an Deck ausgleichen.

Mein Problem war jedoch wieder die Faulheit. Die Fahrt mit dem Schiff hätte 250,- DM gekostet, das Flugticket kam auf nur 175,- DM.

Zwischenstation Israel

In Israel angekommen bewegte ich mich nun per Anhalter und mit dem Autobus fort. Beim Trampen nahm mich ein Autobus auf, der die Küstenstraße Richtung Cäsarea entlang fuhr. Es war dem Fahrer ein Vergnügen, mit mir ein paar Worte auszutauschen. Nachdem er gemerkt hatte, dass er ja eigentlich woanders hin musste, stoppte er an der roten Ampel einen Nachbarbus, erklärte die Lage und ich bekam Befehl überzuwechseln. Freundlich winkte mir der Busfahrer zum Abschied zu und rollte auf anderem Kurs weiter. „So etwas Unkompliziertes“, dachte ich mir, „sehr sympathisch“!

Ich ging dann in Tel Aviv in ein Kibbuz -Vermittlungsbüro und landete schließlich im Kibbuz Kefar Hammaccabi, nahe Kirjat Ata, ca. 20 km östlich von Haifa.

Uli fiel fast aus den Socken, als ich plötzlich vor ihm stand. Trotz meines Dauerfrusts war ich begeistert. Da bei Uli in der Holzbaracke noch ein Bett frei war, konnte ich das beziehen. Wir waren hier als *Volunteers* (Gastarbeiter) untergebracht. Die Holzbaracken stammten ursprünglich von den Pionieren, die aber inzwischen in kleinen 2-Zimmer-Häuschen wohnten. Die Baracken standen auf Pfosten, etwa 1 m hoch, wegen der Schlangen und sonstigem Ungeziefer.

Mein erster Arbeitstag:

Kibbuzniks (= fester Bewohner eines Kibbuz) kamen mit Maschinenpistolen (Uzis) in unser Camp und ermahnten uns, unbedingt in den Baracken zu bleiben, da bewaffnete PLO-Gleitsegler vom Libanon kommend in der

Nähe des Kibbuz gelandet seien. Nach drei Stunden war die Lage entspannt und der Terrorist geschnappt. So ging's dann in die Orangenhaine. Der Vorarbeiter ständig auf der Hut und die MP umgehängt, um sie, wenn nötig, sofort einzusetzen. Zwei Schweizerinnen, die einige Tage zuvor gekommen waren, mussten in Haifa wegen Bombenalarm schnell aus dem Autobus raus in Deckung, bis die Bombe entschärft war und die Fahrt weitergehen konnte.

Es war im Frühjahr 1981.

Am Nachmittag wollte ich aus einem Gerümpelhäuschen etwas noch Brauchbares für die Stube suchen. Aus einem mir noch heute völlig unerklärlichem Grund zog ich im Bruchteil einer Sekunde meine Hand zurück. Was war passiert? Aus einer dunklen Ecke schoss eine Schlange (für mich unerkannt) hervor und biss genau an der Stelle zu, wo sich vor einem Sekundenbruchteil noch meine Hand befunden hatte. Ich meinte sogar, dass ich den Schlangenkopf noch leicht spürte. Bis mein Gehirn die Sache erfasst hatte, war die Schlange längst wieder in dem dunklen Raum verschwunden. Ich war völlig erstarrt vor Schreck und konnte mich nicht regen. Bald fand ich die Fassung wieder und stürzte aus der Bude raus. Dieses Erlebnis ging mir durch und durch, da mir in dem Augenblick ganz klar war, dass nicht ich durch meine gute Reaktion die Hand wegzogen hatte. Die Hand war gerade weg, als die Schlange in Sicht kam. Wenn es Wunder gibt oder ein höheres, die Lage überblickendes göttliches Wesen, dann wurde mir exakt jetzt Rettung zuteil, kurz bevor der Biss fest getroffen hätte.

Als mich Uli total erblasst antraf, erklärte er mir, dass ich mich in Acht nehmen müsse. Vor kurzem kroch sogar in unserem Zimmer eine Schlange herum. Das bedeutet auch stets: aufpassen und die Türe zu! Wenn eine giftige

Schlange jedoch zugebissen hat, dann schnell zum Kibbuzdoktor, damit er Gegengift spritzt.

Das Leben im Kibbuz

4.30 Uhr morgens aufstehen, rein in die blauen Kibbuzklamotten, Käppie auf den Kopf und hoch zum *Diningroom* (= Zentralspeisesaal und Veranstaltungssaal mit ca. 300 möglichen Sitzplätzen). Hier traf man sich täglich dreimal zu den Mahlzeiten und so lernte man auch die ca. 250 Kibbuzniks kennen.

Jeder, der sich einigermaßen bewegen konnte, sollte zu den Mahlzeiten erscheinen, auch um das Gemeinschafts- und Zusammengehörigkeitsgefühl aufrecht zu erhalten und zu fördern. Die Speisen waren eine Wucht – Selbstbedienung am „offenen Buffet".

Wir Kibbuzgastarbeiter mussten uns erst an die vielen Leckereien gewöhnen und aßen zunächst 3x täglich viel zu viel. Mit der Zeit gewöhnte ich mir eine leicht reduzierte Kost an. Etwa einmal wöchentlich hatte jeder „Dishes", d. h. Küchendienst. Dazu war eine große automatische Waschstraße da: Geschirr reinstellen, rausholen, ordentlich stapeln usw. Hier traf man öfter mit denselben Kibbuzniks zusammen.

Jeden Freitagnachmittag wurde eine Hilfsgruppe von uns eingeteilt, die für das abendliche Shabbatessen halfen, die Tische herzurichten: zwei Teller, Besteck, Servietten, Carmelwein und Weingläser, Kerzenleuchter, weiße Tischdecken.

An diesen Shabbatabenden (Freitagabends kurz vor Sonnenuntergang) trafen sich dort alle Kibbuz-Bewohner. Wir *Volunteers* saßen mitten unter den Israelis. Es wurden die Shabbatkerzen angezündet und meist ein biblischer Text auf hebräisch gelesen. Dann sangen wir Heleluja – Halleluja und Lecha dodi li Krat Kala, um damit den Shabbat, den Ruhetag, willkommen zu heißen, der mit dem Sonnenuntergang beginnt.

Anschließend wurde mit dem Carmelwein gegenseitig angestoßen. und man wünschte sich nicht nur Shalom, sondern sagte Shabbat Shalom, Ruhe und Frieden.

Nach dem alltäglichen Frühstück kletterten wir auf die Traktoranhänger und los ging das Geholpere am Ramat-Jochanen-Kibbuz vorbei. Nach ca. 20 Minuten Fahrt erreichten wir die Plantagen. Dort stand ein alter, kaputter Omnibus (Vorkriegsmodell), dahinter im Schatten Bänke und Tische für die Frühstückspause. Zwei bis drei israelische Araber warteten schon auf uns. Sie waren beim Kibbuz beschäftigt.

Zum Arbeitsbeginn waren Orangen angesagt. Dazu brauchten wir Handschuhe, da die Orangenstiele recht kräftig sind und die Haut aufscheuern würden. Ich hatte noch keine Handschuhe und so fragte ich einige englische Kollegen danach. Das Wort *‚gloves'* fiel mir nicht ein und so übersetzte ich das deutsche Wort wörtlich: Handschuhe – *handshoes*, was ein kaum enden wollendes englisches Gelächter nach sich zog. Es muss derart originell für die Engländer geklungen haben. Solche unbeabsichtigten Jokes passierten mir öfter, da ich in der Schule bei den Englischvokabeln sehr geschlampt hatte.

Später musste ich dann zu den Grapefruits, diese waren leichter zu pflücken. Einmal, als ich recht weit oben auf der Leiter stand, krachte ein Ast, die Leiter brach langsam durch die Äste und ohne Verletzung kam ich recht sanft am Boden an, die Leiter inzwischen unter meinen Füßen.

Auf dem Feld wuschen wir die Hände mit herumliegenden *Grapes*. Einmal bekam ich eine Schale an die Lippen, die sofort anschwollen. Das kam vom vielen Gift auf den Schalen. Überhaupt wurde viel gespritzt, öfter auch mit Flugzeugen, die im Tiefflug über die Felder gleiteten und ihren Giftstaub abließen. Zuvor gab es eine Warnung. Dann war es am besten, wenn man Türen und Fenster 15 Minuten geschlossen hielt, bis der Giftstaub auf die Getreide- und Baumwollfelder hinter unserem Camp herunterkam.

Jedenfalls saßen wir um 12.15 Uhr in Kefan Hamaccabbi im Diningroom und ließen es uns gut gehen. Die Hitze war inzwischen sehr stark. Nach der Völlerei schlappten wir runter ins Camp, sprangen manchmal gleich ins 25-Meter-Becken direkt neben dem Camp, um uns zu erfrischen und dann ging es in den Schatten, um rund 2 Stunden lang den Nachtschlaf nachzuholen. Uli und ich spielten viele Stunden täglich Gitarre, oft zusammen, da Uli seine Westerngitarre und ich meine Konzertgitarre dabei hatten. Uli spielte gerne Widerstandslieder der linken 68er (Hannes Wader, Degenhardt usw.). So hockten viele zusammen, sangen und quatschten; zufrieden war allerdings kaum einer.

Einmal kam der Leiter der Factory Palram, Alberto, ein argentinischer Jude (ca. 35 Jahre alt) ins Camp, da er gehört hatte, dass viel Gitarre gespielt wird. Er konnte super spielen und zeigte mir ein jazziges Lied, das ich heute noch gerne spiele. Factory (Fabrik) Palram, mein Albtraum! Alles, bloß das nicht. Außer der Frühstückspause fand ich es unerträglich, ab und zu auch einige Tage nur dort verbringen zu müssen. Das Ganze erinnerte mich zu sehr an das verhasste Deutschland. Produziert wurden Rundumerneuerungen für Reifen, die dann in die BRD geliefert wurden (Köln oder Frankfurt).

Meine weiteren Kibbuzbetätigungen waren Müllabfuhr und aus dem Kühlhaus Gemüse und Obst zur Küche bringen. Diese Aufgaben waren kombiniert. Mosche Blumie, ein damals 68-jähriger tschechischer Jude, der auch jiddisch sprach, lenkte den alten Traktor. Ich saß seitlich und musste an den verschiedenen Stationen die großen eisernen Müllbehälter einhängen und so holperten wir bei den *Cows* (Kuhställen) vorbei zum weiter unten, nahe Palram, gelegenen Müllplatz. Zwischendurch ging es zum Kühlhaus, um der Küchenchefin das Nötige zu bringen. Das Kühlhaus war eher eine Kühlhalle (+ 4° C). Erkältungsgefahr: von + 35°C hinein in die Halle. Blumies „Befehle" klingen mir heute noch im Ohr. Mit seinem gebrochenen Deutsch sagte er immer wieder: „Dies – da!" (hin kannte er nicht) oder „Die Kiste dort!" ... sehr urig! Er war ein überaus freundlicher und geduldiger Mann. Manchmal machten wir bei ihm zu Hause Rast. Er zeigte mir seine Bäume, die er 1957 nach der Ankunft im Kibbuz gepflanzt hatte. Über Konzentrationslager oder Judenverfolgung durch die Deutschen redeten wir nie. Er nahm mich so, wie ich war, versuchte auch nicht, den Erzieher zu spielen. Seine Frau war selten im Diningroom, da sie krank war und schlecht laufen konnte.

Was das Kühlhaus betraf, erklärte er mir Folgendes: Viel Obst wurde hier gelagert. Man wartete etliche Wochen, bis dieses Obst nicht mehr frisch zu haben war. Dadurch stieg der Marktpreis und jetzt wurde das Obst auf den Markt gebracht, sozusagen außerhalb der Saison und trotzdem frisch aus dem völlig dunklen Kühlhaus.

Nach dem Purimfest hatte ich mir meine völlig verfilzten Haare abschneiden und einen Glatzkopf rasieren lassen. Als ich damit bei Mosche Blume ankam, fragte er mich, ob ich eine neue Religion angenommen habe. Erst später merkte ich, dass die Glatze etwas abstoßend wirkte, denn ich sah mit meinen Kleidern dazu aus wie ein Häftling aus dem KZ. Bald band ich mir ein Tuch im Araberstil tagsüber um den Kopf wegen der Sonne und nachts auch, da man mit Glatze zunächst mal friert.

Etliche andere Dinge wären noch zu berichten, die mir bruchstückhaft in Erinnerung geblieben sind wie Partys, d. h. Rausch und Ausschweifung von uns *Volunteers* in einem nahe gelegenen Bunker, dem Partybunker. Überhaupt befanden sich überall auf dem Kibbuzgelände in regelmäßigen Abständen Bunker. Kaum erkennbar, grün bewachsen mit einem Eingang.

Für mich war die Kibbuzzeit zwar irgendwie interessant, aber mein Dauerfrust war nicht zu beheben. Ich fand es im Vergleich zur BRD schon toll und auch alternativ und locker. Aber ich merkte, dass alternatives, lockeres Volunteersleben das Sein genauso wenig sinnerfüllt machte, wie ein Spießerleben in Deutschland zu führen. Es war alles so leer und trostlos in mir. Auch das ständige „Hirn zumachen" erschien mir leer und stumpfsinnig, abstoßend und ekelhaft. Innerlich wurde ich mehr und mehr zum Eisklotz, mein Herz „versteinerte" sich zusehends. Eine neue Flucht begann und zwar ganz weg vom organisierten Kibbuz hin in die Wüste Sinai zu den dortigen Aussteigern und Beduinen.

Am Sinai

Endlich etwas völlig Neues! Ich war total fasziniert. Die rötlich-braunen Gebirgszüge, das blaue, abends rötlich schimmernde Wasser des Roten Meeres, die Beduinen. Abgeschieden von der bisher bekannten Zivilisation. Ein ganz anderes Leben!

Hier trafen sich viele Aussteiger, lebten vor sich hin in den Tag hinein. Das ist schon toll: etliche Wochen, bei manchen auch viele Monate. Aber dann verliert auch das seinen Reiz.

Meinen 20. Geburtstag feierte ich dort in einer Schilfhütte mit Uli, den ich hier wieder traf, und anderen.

Nach einigen Tagen wechselten wir unser Quartier unter Palmen. Eines Morgens (oder war es abends?), ich lag auf Isomatte und Schlafsack, wollte ich gerade meinen Kopf im Halbschlaf auf die linke Seite drehen und öffnete glücklicherweise im selben Moment die Augen. Ich hätte sonst meinen Kopf direkt in einen ca. 5 cm langen Skorpion hineingelegt. Wie von einer Tarantel gestochen (in dem Fall wäre es vom Skorpion gewesen) sprang ich auf. Wieder einmal merkte ich, dass hier der Zufall wegfiel. Als hätte mich innerlich jemand gewarnt oder beschützt. Das war auf jeden Fall mein ganz deutlicher, subjektiver Eindruck.

Als Uli nach etwa zwei bis drei Wochen Richtung Ägypten weiterzog, blieb ich hier und freundete mich mit zwei Schweizern und Österreichern an. Der Österreicher war Aurel Köck aus Linz, etwa 22 Jahre alt und der gleichaltrige Schweizer Harry aus Genf sowie Jörg Aebersold aus Zürich, 25 Jahre. Die Schweizer, mit Haaren fast bis zum Po, waren auf der Flucht vor dem Militärdienst. Sie sagten, dass sie nach 10 Jahren mal wieder in die Schweiz gehen würden. Dazu gesellte sich Brigitte aus Österreich (Wien), ca. 24 Jahre alt, die sich mit Harry zusammentat. Immer wieder gesellten sich andere zu uns. Mal ein Deutscher aus München, andere Schweizer, Israelis, drei Frauen im Urlaub, israelische Aussteiger.

Der Lebensinhalt bestand im Rumhängen, Widerstands- und andere Lieder singen (Brigitte spielte auch sehr gut Gitarre) und natürlich den Kopf zutörnen nach dem Motto *„Sex and drugs and Rock'n Roll"*. Zu allem Überdruss meinten wir noch, unsere sogenannte Freiheit auch äußerlich ausdrücken zu müssen und lagen oft nackt herum. Erst später wurde mir bewusst, dass dies vor allem für die Beduinen völlig abstoßend gewesen sein muss. 50 Meter von uns entfernt vermummte Frauen - und wir völlig nackt, keinerlei Empfindung für ein natürliches Schamgefühl oder wenigstens Rücksichtnahme den Beduinen gegenüber.

Wir fühlten uns in unserer Freizügigkeit, als hätten wir jetzt den echten *„Drive* im *Magic Bus"* gefunden. Mehr brauchen wir nicht, lasst uns um alles in der Welt in Ruhe.

Neben den Beduinenhütten hatte ein Däne, Gunnar, mit seiner Freundin Mariana eine Kneipe aufgebaut für alle Aussteiger und auch sonstige Vorüberkommende. Einige Balken, mit Schilf gedeckt, und eine Theke. Er besaß einen Jeep und lebte schon lange hier. Über einen Generator wurde regelmäßig Kühlschrank und Musikanlage betrieben. Hier versuchte ich, zusammen mit Jörg und Aurel zu jobben. Vor allem, wenn Gunnar nach Elath oder Jerusalem fuhr. Total locker, mit Aussicht aufs Rote Meer; schöner geht es nicht! Aber der Frust wurde wieder stärker und stärker und die Seele immer leerer. Ich kann mich noch an einen Abend erinnern, als wir in „unsere" Kneipe zum Vollmondaufgang und Klängen von Mike Oldfield einluden. Auf Saudi-Arabischer Seite kam ein riesiger Vollmond hoch, unglaublich gewaltig und dazu noch die Musik – aber was soll's! Alles vergänglich... Überhaupt ist hier am Sinai der Nachthimmel bezaubernd. Kein Vergleich zu Deutschland. Die Sterne sind sehr klar zu sehen, vor allem in ihrer scheinbar unendlichen Vielfalt.

Nach drei Wochen bat mich ein Beduine in unserer Nachbarschaft, ob ich nicht bereit wäre abends für seine Frau das Fischnetz 50 Meter hinauszuschwimmen. Das tat ich gerne. Als Lohn bekam ich ab und zu einen heißen Tee mit viel Zucker.

Überhaupt ist das Meer bzw. die an der Küste gelegenen Korallenriffe faszinierend. Bei Gunnar gab es Taucherbrillen mit Schnorchel und so schnorchelten wir stundenlang an den Riffen entlang. Das war absolut genial! Eine Vielfalt und Farbenpracht, dass man es kaum fassen kann. Nach etwa 100 Metern (vom Strand weg) bricht das Riff steil ab ins offene Meer, wo dann auch öfter Riffhaie auftauchen, mit ca. 1 ½ Meter Länge. Muränen sitzen in manchen Zwischenräumen und auch tödlich giftige Sternfische schwimmen herum. Sie sind gewaltig anzusehen, aber es ist wichtig, Abstand zu halten.

Auf dem Boden leben viele Seeigel, deren Spitzen sich durch Widerhaken auszeichnen, die nach einem Einstich in einen Fuß eine etliche Tage anhaltende Entzündung hervorrufen. Ganz gefährlich ist der hochgiftige und tödliche Steinfisch, der kaum sichtbar leicht im Boden eingegraben liegt; manchmal auch nahe am Riffanfang (wie eine Mine)! Kurz bevor ich ankam war eine Frau hineingetreten und konnte gerade noch rechtzeitig gerettet werden.

Inzwischen spürte ich aber auch körperliche Defizite. Heute weiß ich, dass dieses ziemlich vitaminlose Leben schädlich für den Körper ist.

Um überhaupt hier überleben zu können, muss man viel Wasser trinken, d. h. mehr als 5 Liter täglich sind ideal. Jeden morgen früh um 4.30 Uhr trotteten wir los, bevor die Sonne stach (und sie stach sofort nach Sonnenaufgang). Etwa 2 Kilometer südlich befand sich ein Brunnen, dorthin ging es mit den Kanistern. Hier gab es natürlich kein frisches Schweizer Bergquellwasser, sondern eben „Sinaibrühe“. Am Brunnen trank ich erst einmal zwei Liter und füllte meine 2 x 5 Literkanister randvoll, um zurückzugehen. (Das war unser tägliches „Jogging“). Ein Hund, der mir zugelaufen war, begleitete mich und ließ sich bei mir nieder. Er war etwa so groß wie ein Schäferhund, aber pechschwarz. Ich nannte ihn Zappa; wahrscheinlich hatte ihn jemand ausgesetzt. Er war für mich ein bisschen Trost im Elend. Einmal hatte ich keine Lust Wasser zu holen und so war die Brühe über einen Tag im Kanister. Am nächsten Morgen hatte sich eine grüne Schicht auf dem Kanistergrund gebildet (ein Zeichen für abgestandene, infizierte Zisternenbrühe).

Zappa war immer um mich und verteidigte mein Gepäck gegen die Ziegen, so lange ich schlief. Die Ziegen fraßen alles, was ihnen in den Weg kam; vor allem der Reis war begehrt. Sie machten so lange am Rucksack herum, bis Zappa aufsprang, sie vertrieb und sich manchmal auf sie stürzte, ein Zicklein ins Maul nahm, um es dann wieder laufen zu lassen. Einmal kamen einige ältere Beduinen mit Stöcken zu mir und wollten Zappa erschlagen, was ich jedoch abwenden konnte, indem ich versprach, besser auf ihn aufzupassen. Sie dagegen zeigten keine Spur von Entgegenkommen was ihre Ziegen betraf. Klar, sie waren die Herren hier und völlig abhängig von den Ziegen und ihrer Ziegenmilch. Wie mir einige sagten, ist die Lebenserwartung der Sinai-Beduinen sehr niedrig. Bei den Frauen liegt sie bei 35 - 45 Jahren (durch das häufige und unhygienische Kindergebären) und bei den Männern bei 45 - 55 Jahren. Einmal hatte mir ein Beduine eine seiner Töchter angeboten. Zuerst verstand ich als Kaufpreis fünf Kamele. Aber er meinte dann doch als Geschenk. Zum Glück habe ich das Geschenk nicht angenommen. Wer weiß, was das geworden wäre...

Mein innerer Zustand wurde von Tag zu Tag träger und leerer. In der Bibel steht im Buch der Sprüche Salomos sinngemäß folgender Vers: „Der Faule schafft es in seiner Faulheit nicht, den Bissen bis zum Mund zu bringen." Als ich dies später las, musste ich gleich an meinen Zustand im Sinai denken. Kein Antrieb mehr, der Faulheit-Trägheit-Frust hatte mir jeglichen Lebenswillen abgewürgt. Einmal war ich sogar so faul, dass ich trotz Hunger es nicht schaffte, mir Brot in den Mund zu stecken. Auch das Gitarrespielen nervte mich. Irgendwann schrie ich mal die *„friends"* an: *„I'm not a music-box!"*

„Ich muss weg hier, sonst werde ich bald verrückt." So machte ich mich auf den Weg, einige Kilometer in nördliche Richtung, an der letzten Beduinensiedlung vorbei, bis ich endlich keine Freaks mehr sah und nur noch alleine war mit all meinem Elend. Ich fand eine verlassene Beduinenhütte und dort ließ ich mich nieder.

Endlich Ruhe! Es war solch eine Ruhe wie ich sie weder zuvor noch nachher in meinem Leben erlebt habe. Totale Ruhe! Man hätte 50 – 100 Meter entfernt gehört, wenn eine Stecknadel gefallen wäre. Ich empfand es wie eine majestätische Ruhe, wie eine göttliche Naturerscheinung. Als ich mich nachts schlafen legte, begann der Sand sich überall in der Hütte zu bewegen. Die Wüste lebt. Kaum war die Hitze weg, kamen die Kleintiere aus dem Sand. Ich dachte auch an meinen Skorpion und es wurde mir etwas ungemütlich, doch gegen Morgen schlief ich ein.

Wassermangel

Eines hatte ich in meiner Lethargie kaum bedacht: Wasser! Ich wollte einfach weg. 15 Liter hatte ich vielleicht, aber das reicht nicht lange und mein Körper war sowieso geschwächt. Um etwas Reis abkochen zu können sammelte ich 1-2 Stunden kleine Hölzchen, und um Wasser und Salz zu sparen nahm ich etwas Meerwasser und kochte den Reis ab. Was geschah? Der Reis war völlig versalzen, ungenießbar zu meinem Verdruss. Kein Holz, kaum Wasser, versalzener Reis. Da saß ich in meinem Elend, allein, verlassen; leer bis auf den Grund meiner zerfurchten Seele. Ich habe dann nur noch geschrien, geheult und das Leben verflucht. Mit den letzten Wassertropfen ging ich zurück nach Dahab (Ausgangsbasis im südlichen Sinai), das mich jetzt auch angewidert hat. Die coolen Aussteiger mit ihrem blöden Geschwätz. Vielleicht war es einfach nur Hass gegen mich selbst und Hass gegen alles, was wie ich bisher dachte und lebte.

Welche Ziele schweben den Aussteigern hier durch den Kopf? Oft der Gedanke, 4-5 Wochen in Elath im Ölhafen zu jobben und dann weiter über Kairo nach Indien ins Drogenmekka zu ziehen. Solche Träumereien gingen auch mir durch den Kopf, obwohl jobben nicht mehr drin war. Auch im Kibbuz mich aufzupeppeln und zu arbeiten, hätte ich nicht mehr gepackt. Jedoch musste ich einfach weg hier, ich hielt es nicht länger aus! Und so lief ich nun in die andere Richtung, mit dem Ziel Wadi Gnei oder so ähnlich, einige Kilometer südwestlich in die Wüste. Inzwischen war ich besser informiert und gerüstet. Ich lief und lief und genoss die wiederkehrende Ruhe. Als ich vom Meer weg in die Wüste einbog, war ich wieder überwältigt von den steilen Bergen, den Canyons. Plötzlich tauchte aus einer Seitenschlucht eine junge Beduinenfrau, etwa 17 Jahre alt, auf. Sie trug etwas Undefinierbares auf dem Kopf, hatte einen Wasserschlauch umhängen, kam her zu mir und wir liefen einige Zeit nebeneinander in die Wüste. Sie sah aus wie vor 3000 Jahren und ich als ein heruntergekommener Wohlstandstyp mit Plastikrucksack – welch ein Kontrast! Diese Szene hätte man unbedingt fotografieren sollen, so unglaublich war sie. Worte konnten wir keine wechseln und so redeten die Augen, Bewegungen und Laute. Irgendwann trennten sich die Wege. Sie ging weiter im größeren Canyon und ich bog rechts ins Wadi ab. Ich war verblüfft. Mitten in der Steinwüste Palmen, Schilfgras und leer stehende Beduinenhütten, aber keine sichtbare Quelle. Ein malerisches Panorama. Die Faszination hielt nicht lange an, denn mein innerer Zustand hatte mich fest im Griff. Einige großspurige Gedanken stiegen in mir hoch, um im nächsten Moment wieder wie ein Kartenhaus zusammenzufallen. Ich legte mich in eine Felsspalte, die 20 Meter tief, 1 ½ Meter breit und etwa 40 Meter hoch war. Dort schlief ich in dem Bewusstsein ein, dass das eventuell die Endstation im Leben sein wird und irgendwie wollte ich mich auch dem „Schicksal" ergeben und vollends austrocknen.

Als ich dann mal wieder zu mir kam, bemerkte ich, dass zwei oder drei Sachen gestohlen worden waren. Beduinen mussten mich bemerkt haben. Mit Leichtigkeit hätten sie mir alles wegnehmen und mir den Hals durchschneiden können. Dass sie es nicht getan hatten, verwunderte mich. Ich musste an Sizilien denken, Villa Amato, als auch morgens neben meinem Kopf zwei Brote weg waren. Wie ein Zeichen: Hau ab – oder das nächste Mal schneiden wir dir den Hals durch! So folgerte ich daraus, dass ich hier nicht lange bleiben konnte. Das restliche Wasser war inzwischen so abgestanden und ungenießbar, dass ich meinen Körper nicht mehr auftanken konnte. Alles war hier eine heiße abgestandene Brühe. Mir war in meinem fertigen Zustand klar: Nochmal so ein Dreckwasser und mein Ende ist gekommen. So versuchte ich mich zurückzuschleppen zur ersten Wasserstelle. Ich konnte nicht länger warten, da mein Kreislauf zu versagen begann. Schritt für Schritt quälte ich mich vorwärts. Endlich kam das Rote Meer in Sicht, aber von hier aus waren es noch ca. 4 Kilometer.

4 Kilometer krank und entkräftet, ohne Wasser, bei einer Hitze, dass man auf den Felsen fast Eier backen konnte. Die Versuchung, Meerwasser zu trinken, war sehr stark. Nur meine versalzene Reiswassererfahrung lehrte mich etwas Besseres.

Der erste Kreislaufkollaps und da lag ich! Schwarz vor den Augen... Als ich wieder zu mir kam, ging die Wanderung weiter, bis ich wieder zusammenbrach. Dieses Mal merkte ich, dass das körperliche Ende in großen Schritten näher kam. Die Nieren stachen und ein klarer Gedanke war kaum zu fassen. Die Wasserstelle flimmerte vor mir in 2-3 Kilometer Entfernung.

Eines wurde mir jetzt plötzlich ganz subjektiv und unmissverständlich klar: Wenn du es diesmal nicht mehr schaffen und in wenigen Stunden tot und vertrocknet daliegen wirst, was dann? Ja, was dann? Mir wurde schlagartig bewusst, dass ich in der Hölle aufwachen werde, mit dem ganzen Dreckhaufen meines Lebens! Ich nahm ein letztes Mal alle Kräfte zusammen und schrie in meiner äußersten Verzweiflung zu Gott. Allein am Wüstenrand schrie ich unaufhaltsam: „Gott, wenn es dich gibt, hilf mir; hilf mir bis zur Wasserstelle und zeige mir einen Weg zum Leben!“

Ich glaube, einmal brach ich noch zusammen und kam dann vertrocknet und entkräftet an. Ich lag neben dem Brunnen und trank viel zu viel Wasser in mich rein. Furchtbare Magenkrämpfe stellten sich ein und es dauerte zwei Stunden, bis ich wieder Schluck für Schluck trinken konnte. Nach zwei Tagen hatte ich mich wieder etwas erholt, aber richtig gut wurde mein körperlicher Zustand nicht mehr. Ich war sehr schwach, der Kreislauf instabil. Bei der Kneipe aß ich manchmal die Essensreste auf, die noch herumstanden oder holte mir diese aus der Abfalltonne. Ich hätte ja einen Travellerscheck in der Bank in Elath einlösen können. Allerdings war das 140 Kilometer entfernt und somit für mich zu anstrengend. Ich organisierte mir einen Liter Grapefruitsaft, um hinterher nur alles wieder zu erbrechen. Mein Kreislauf brach regelmäßig zusammen. Von 70 kg war ich in etwa drei Wochen auf 54 kg abgemagert, bei einer Größe von 1,81 Meter. Ich war nur noch Haut und Knochen und alles wurde gelb. Es war klar: Eine verschleppte Gelbsucht forderte ihr Opfer. Selbst Wasser blieb kaum mehr im Magen.

Gunnar Wulf, der Däne, war so freundlich und fuhr mich mit seinem Jeep zum nächsten israelisch-militärischen Wüstencamp. Dort ließ man mich über eine Infusion mit Natriumchloridlösung volllaufen. Es war ein Gefühl, als ob ein Halbtoter zum Leben erweckt wird. Sie verlangten kein Geld, gaben mir jedoch nachdrücklich zu verstehen, dass ich aus dieser heißen Klimazone herausgehen solle. Am besten nach Deutschland und dort in ein Krankenhaus, denn mein Zustand sei sehr schlecht. Schock! Alles, bloß das nicht. Nicht zurück ins verhasste Ländle... Als aber am nächsten Tag die Wirkung der Kochsalzlösung nachließ, die Übelkeit wiederkam und der Kreislauf zu flattern begann, stand endgültig fest: Du hast keine andere Wahl, wenn du weiterleben willst!

Trampen ging nicht mehr. Man musste teilweise ein bis zwei Tage unter einem selbst gemachten Unterstand sitzen, um vielleicht bei den wenigen Autos mal mitgenommen zu werden. Als ich einige Wochen vorher lostrampen wollte, wurde vom israelischen Militär gerade die Straße gesperrt, da sich Israels Premier Menachem Begin mit dem ägyptischen Präsidenten Anwar as - Sadat traf. Dort wurden die letzten Abmachungen getroffen, wann und wie die Sinaihalbinsel an Ägypten zurückgegeben werden sollte. Seit 1967 nach dem 6-Tage-Krieg war der Sinai fest in israelischen Händen.

Wie sollte ich wegkommen? Da stand noch ein arabischer alter Mercedes-Benz, 9-Sitzer, genannt Scherotaxi, das soviel wie der Linienbus kostete. Hier konnte ich bis Elath Unterschlupf finden. Unterwegs, auf halber Strekke, stoppte ein unter Drogen stehender Beduine (ein richtiger Halsabschneider) das Taxi und zwängte sich an meine Seite. Schließlich begann er mich zu quälen, indem er beispielsweise versuchte, seine Zigarette an meinem Oberschenkel auszudrücken. Er merkte, dass ich mich nicht mehr wehren konnte. Die Fahrer schimpften mit ihm, aber das beeindruckte ihn nicht weiter. Als Beduinenfreunde mit Kamelen in Sicht kamen, brüllte er was zu ihnen raus und warf ihnen seine Zigarettenschachtel zu. Ich denke, er hatte Drogengeld und lebte von der Hand in den Mund. Kurz vor Elath mussten alle aussteigen, da das Scherotaxi nicht bis zur Zentral-Israelischen-Busstation fuhr. Vielleicht war es ihnen auch verboten wegen der Attentatsgefahr.

Mein „Halsabschneider“ wartete genüsslich, um mich in Empfang zu nehmen und mich nun in aller Ruhe ausnehmen zu können. Da flehte ich die Fahrer an, zeigte auf den Typen, dann auf meine gelben Augen und bot ihnen schließlich fünf Schekel an. Ich wäre sowieso nicht aus dem Auto gewichen und so fuhren sie mit mir los, sehr zum Verdruss des Wartenden...

In Elath an der Zentral-Busstation steckten die letzten 100,- DM in meiner Hosentasche. Rund 60 Leute standen am Fahrkartenschalter und wollten alle mit demselben Bus fahren. Ich konnte nicht in der Warteschlange stehen, sondern saß oder lag wegen meiner Entkräftung am Eingang, keine Chance auf ein Ticket.

Da kam plötzlich ein Scherotaxifahrer zielstrebig auf mich zu: „Ein Platz über Beer Scheva nach Tel Aviv noch frei“ - und half mir zum Taxi. Für mich unfassbar, dass er ausgerechnet mich ansprach, denn er machte keinen sozialen Eindruck. Als hätte Gott ihm befohlen, mich mitzunehmen. Natürlich war die Fahrt anstrengend, aber am späten Nachmittag kam ich in Tel Aviv an.

Rückkehr

Jetzt wohin? Ich überlegte... Zur deutschen Botschaft! Doch die hat bestimmt schon geschlossen. Ich wusste nicht mehr aus noch ein und lehnte hilflos an einem Gartengeländer. Da kam ein etwa 40-jähriger Jude auf mich zu und bot mir an, bei ihm zu übernachten und morgen früh zur Botschaft zu gehen. Er lebte schon seit einigen Jahren hier und stammte aus New York. Oben in seiner Dachwohnung in der dritten Etage war alles sehr merkwürdig. Er hauste dort mit 16 Katzen. Ich fragte, ob ich duschen könnte. Als ich dann in der Badewanne war, stand er plötzlich nackt neben mir und begann, mir Perversitäten der New Yorker Bordellszene zu schildern. Normalerweise wäre ich ihm hilflos ausgeliefert gewesen. Ich erklärte ihm jedoch, dass ich todkrank sei, zeigte auf den gelben abgemagerten Körper und die blitzegelben Augen. Das ließ ihn zurückschrecken. Ich zog mich an und schleppte mich in einen nahe gelegenen Park. Dort legte ich mich zwischen zwei Büsche. Die Dunkelheit brach herein. Ich hatte keine Kräfte mehr, lag auf meinem Schlafsack und resignierte, innerlich dem Heulen näher als dem Fluchen. Als so gegen 2 Uhr das Tel Aviver Nachtleben zur Ruhe kam, tauchten zwei Burschen auf, die wie Araber aussahen (vielleicht waren es auch marokkanische Juden). Einer legte sich rechts neben mich, der andere links. Sie fragten, ob sie den Schlafsack nehmen könnten. Ich fühlte mich zu schwach, um mich aufzurichten, und so dachte ich, dass meine vorletzte Stunde geschlagen hätte. Aus Zeitungen bauten sie einen Schutz über sich auf wegen des morgendlichen Taufalls. Kurz vor Sonnenaufgang, gegen 4 Uhr, verschwanden sie wieder, ohne mir was gestohlen oder angetan zu haben. Noch oft dachte ich über diese Szene nach, die keine Halluzination war.

Im Nachhinein hatte ich den Eindruck, dass der Gott, der mir vom Sinai bis hierher half, auch hier alles vorbereitet hatte, obwohl ich durch den Beduinen und den Homosexuellen auch den abgrundtiefen Fall des Menschen deutlich gezeigt bekam. Wahrscheinlich passten die zwei Männer im Park unbewusst auf mich auf, denn drei Leute greift man nicht so schnell an wie nur einen.

Um 4.30 Uhr, als Tel Aviv noch schlief, machte ich mich zur deutschen Botschaft auf und schwankte bei Sonnenaufgang durch eine noch schlafende Innenstadt. Ich musste alle 100 Meter einen Stopp einlegen, mich hinsetzen, um Kräfte zu sammeln und mich dann wieder 100 Meter weiterzuschleppen.

Endlich erreichte ich die Deutsche Botschaft. Als ich zum Botschafter vorgelassen wurde und er meinen Zustand und die gelben Augen sah, schreckten er und seine zwei Mitarbeiterinnen zurück. Ich muss wie ein Aussätziger ausgesehen haben. In deutscher Gründlichkeit wurde direkt übers Reisebüro ein Ticket beantragt, das dann sofort hergebracht wurde. Sie erklärten mir alles und um 14 Uhr sollte auch bereits die Maschine fliegen.

Ein älterer Jude, der mich sah, verfrachtete mich in seinen alten VW-Bus und fuhr mich zur Zentral-Busstation. Dort übergab er mich mit der Anweisung „Flughafen Ben Gurion bei Lod“ (nahe Tel Aviv) den Busfahrern. Und so verließ ich das „Heilige Land“. Der organisatorische Ablauf vom israelischen Militärcamp bis ins El Al Flugzeug schien mir unglaublich.

Auf das Bordessen musste ich leider verzichten, da mein Körper keine Nahrung mehr annahm. Abends landete ich in Frankfurt. Mit den letzten 80 deutschen Pfennigen, die ich noch besaß, rief ich meinen Bruder und seine Frau an. Glücklicherweise waren sie zu Hause und holten mich sofort am Flughafen ab. Mein Bruder litt wegen einer Vereiterung unter starken Zahnschmerzen, trotzdem kam er mit, um mich abzuholen. Als mein Bruder und meine Schwägerin mich sahen, waren sie zutiefst geschockt.

Bei meinen Eltern war niemand anzutreffen. Ich kann mich noch gut an jene Nacht erinnern: Völlig verzweifelt saß ich im Zimmer und konnte nichts mehr einordnen. In der Nacht verspürte ich den schier unwiderstehlichen Drang, mich Kopf voran aus dem Fenster zu stürzen. Am nächsten Morgen tauchte der Hausarzt auf und erklärte mir, dass ich ins Krankenhaus auf die Isolierstation müsse. Ich weigerte mich allerdings, bis er Druck machte und androhte, mich notfalls mit Gewalt dahin bringen zu lassen. So kam ich dann ins alte Vincentius-Krankenhaus in Karlsruhe und landete in einem Zweierzimmer.

Mein Zimmerkollege hieß Fink, war etwa 32 Jahre alt und langjähriger Fixer, der den Entzug hinter sich hatte und unter einer chronischen Hepatitis B-Infektion litt. Als er mich sah, gab er mir den Namen „Biafra", da ich ausgemergelt und ausgezehrt aussah, so wie ein fast verhungertes Biafrakind. Meine Hepatitis wurde als Non-A-Non-B bezeichnet. Zwei Zimmer weiter lag ein 27jähriger Kiffer und so trafen wir uns regelmäßig und kifften uns auf der Isolierstation den Kopf zu, was den Heilungsprozess natürlich nicht förderte. Als dann noch eine Stationshilfe aus Neudorf auftauchte, von der ich wusste, dass sie öfters Heroin spritzte, war die Szene eher komisch. „Drogis"- als Patient und Krankenhausmitarbeiter zusammen auf der Isolierstation... .

Meine Leber war stark angeschwollen und ich konnte mich kaum im Bett drehen. Ob das nochmal werden würde? Ich bezweifelte es. Und wenn doch, wie ginge dann das Leben weiter? Wo sollte ich hin? Zurück ins Elternhaus? Auf keinen Fall, höchstens übergangsweise, aber wohin sonst? Innerlich war nach wie vor die entsetzliche Sinnleere vorhanden und raubte jeglichen Antrieb.

Nach kurzer Zeit bei den Eltern rüstete ich mich, um wieder abzuhauen. Wohin? Zu Werner May nach Sizilien? Er hatte mir in den Kibbuz geschrieben, ich solle kommen und helfen, die vielen Sachen aufzuessen, bevor alles verrotten würde. Aber durch die Leberentzündung wäre ich diesem Leben und Essen nicht gewachsen gewesen.

Die Beziehungen zu meinen „alten Kumpels" zu Hause waren irgendwie nicht mehr so wie früher, da mir dieses blöde Kiffen und Kneipenhocken und Philosophieren nun zum Hals heraus hing. Durch meine Lebenserfahrungen hatte ich doch gelernt, dass das Leben keinem Traum gleicht, sondern einen unerträglich harten Kampf darstellt.

Ich entschloss mich, in die Wohngemeinschaft Sulzbach-Rosenberg zu fahren. Die Leute vom Sinai waren vielleicht auch schon wieder zurück und würden mich bestimmt aufnehmen. Mit meiner „grünen Ente" (eigentlich gehörte das Auto ja den Eltern und der Oma, aber ich fuhr es eben und bezeichnete es als meines) kam ich dort an – die machten vielleicht Augen! Ohne Probleme nahmen sie mich auf und es tat mir wohl, dort zu sein.

Ich wurde nebenbei mit durchgefüttert, große Ansprüche hatte ich sowieso nicht. Es war schön, die Sinai-Freaks alle wieder anzutreffen und man brachte mir „Achtung" als ehemaligem Sinai-Begleiter entgegen.

Sorgen ums Geld brauchte ich mir keine zu machen. Ich meldete mich beim Arbeitsamt als arbeitslos, und Rudi versicherte mir, dass ich voll auf ihn zählen könne, denn er hätte durch einen Unfall über 100.000 DM Schmerzensgeld bekommen. Wir planten, bald zusammen loszuziehen, eventuell nach Südfrankreich und dort wollten wir es uns eine Weile so richtig gut gehen lassen. Im Laufe der Wochen lernte ich dann das ganze Umfeld kennen, oder besser gesagt die Drogis von Amberg und Sulzbach-Rosenberg. Es war wie bei meinen bisherigen Bekannten: Man traf sich, es wurden große Sprüche geklopft, Weizenbier gesoffen, viel gekifft und sonst alles mögliche angestellt... .

Tommy, ein 25jähriger Amberger (er zeigte mir, wie man eine Banane wie einen Revolver zieht und sie sich durch den Schwung selbst schält) war ständig präsent. Er begann kurz zuvor, Heroin zu spritzen. 1 ½ Jahre später erfuhr ich, dass er sich tot gespritzt hatte. Dabei wirkte er so freundlich und umgänglich...

„Point of no return“?

Die Ernüchterung ließ nicht lange auf sich warten. Ich hielt alles nicht mehr aus. Ein kurzer Arbeitsversuch bei einem Freund von Rudi, leichte Hilfsarbeitertätigkeit, die eher als Therapieversuch gedacht war, schlug bereits nach zwei Stunden fehl und ich ging wieder in meine innere Nacht und Einsamkeit. Aber nach außen hin musste für mich alles stimmen: nicht arbeiten und trotzdem gut leben, alle Annehmlichkeiten eines ausschweifenden Lebens genießen können. Genießen? Ich wusste schon lange nicht mehr, was das bedeutet. Im Gegenteil: Überdruss, Ekel, einfach zum Erbrechen.

Als kleiner Junge war ich auf meinem Schulweg stets an einem alten, rot angestrichenen VW „Käfer“ vorbeigegangen. Auf der Kühlerhaube konnte man einen schwarzen Hendrix-Kopf sehen und am Heck ein Huhn auf einer Leiter. Dabei stand geschrieben: „Das Leben ist wie eine Hühnerleiter, kurz und beschissen.“

Genauso empfand ich mein eigenes Leben.

Ein bisschen Trost bekam ich durch die zwei Dackel, die bei mir schliefen: Wastl und Susi. So unbeschwert leben wie ein Dackel – wie haben es die Tiere doch gut, dass sie keine Menschen sind.

Schritt für Schritt ging es auf den *„Point of no return"* zu. Als ich dann von einer jungen Frau, um die ich mich bemühte, noch einen klaren „Korb" bekam, war der allerletzte Antrieb erstickt. Es reifte ein endgültiger Beschluss in mir heran, diesem erstarrten, verelendeten, versteinerten, sinnlosen Siechtum den Todesstoß zu versetzen.

Das Leben taugt zu nichts, als dass man es wegwirft! Ich versuchte recht nüchtern (wenn das in so einer Lage überhaupt geht) über meine Vorgehensweise nachzudenken. Verschiedene Möglichkeiten boten sich an. Drogentod, von der Brücke stürzen, auf die Schienen legen oder die Pulsadern öffnen. Jeden Tag irrte ich im Wald umher, schrie und verfluchte den Tag meiner Geburt und das ganze Leben. Ich fluchte gegen Gott, wenn es überhaupt einen gab, schlug mit den Fäusten auf die Bäume bis die Hände bluteten und tobte weiter. Immer wieder kamen Ernüchterungspausen, in denen ich heulend da saß und genau spürte, dass ich eigentlich nur ein bisschen erfülltes Leben haben möchte. Aber alles scheiterte immer wieder, alles blieb sinnlos und leer. Es blieb kein Ausweg, ich musste und ich wollte mein Leben beenden!

Der Ruf Gottes

In dieses Toben hinein klopfte es auf einmal an die Tür meines Herzens, so empfand ich es jedenfalls. Nur ganz schwach, kaum vernehmbar, tauchten Jugenderinnerungen auf: die Botschaft, die ich mit 17 Jahren gehört hatte, wo Jesus sagte: *"Kommet her zu mir alle..."* (steht im Matthäusevangelium 11,28); die Sinaierfahrungen kurz vor dem Verdursten und die scheinbar geplante Rückbegleitung, die ich ganz deutlich so empfunden hatte.

Doch sofort stellte sich ein massives inneres Aufbäumen gegen all diese Gedanken ein. „Bist ja verrückt! Alles Quatsch und Einbildung! Jesus, der größte Schwachsinn, lass dich bloß nicht darauf ein. Jesus-Flip, bist ja völlig verrückt. Jetzt bist du am Ziel, schmeiß es weg, dieses Leben! Es taugt doch nichts."

Als ob alle Teufel losgelassen worden wären, um mich in den Tod zu treiben! Wie damals, als mich unter Drogen die Dämonen fast zum Selbstmord trieben. Es ging hin und her und das Anklopfen der anderen Seite nahm zu, die Erinnerungen wurden klarer. In der Nacht wurde mir auf einmal deutlich: Jetzt oder nie! Um etwa 3.30 Uhr morgens kniete ich mich auf den Küchenboden, auch als äußerlichen Ausdruck der Demütigung unter Gottes Ruf, und bekannte Jesus mein ganzes Leben als große Sünde und Auflehnung gegen ihn. Mir war bewusst, dass ich die ewige Gottesferne verdient habe und mit allem Schmutz und allen Teufeln in die Hölle geschmissen gehörte. Ich flehte ihn um Vergebung an, zählte auf und bekannte vor ihm alles das, was mir ins Bewusstsein kam. Es war un-

endlich viel! Als ich aufstand, war mir klar, dass ich die Wahrheit gefunden hatte. So deutlich, wie auch die Rettung im Sinai ablief. Das erste Mal seit langer Zeit empfand ich inneren Frieden und Ruhe. Es war, als ob man in einen alten, dunklen, muffigen und kalten Keller geht und ein Streichholz anzündet – keinen Scheinwerfer, nur ein Streichholz. Man sieht das Chaos, aber Licht und Wärme sind als lebendige Erfahrung gegenwärtig.
Es gab viel zu tun!

Der erste Gedanke war, gleich in ein bis zwei Tagen Richtung Heimat zu fahren. Ich wollte zu Luise Nitsche, einer gläubigen Christin in Oberhausen, und dann weitersehen. Meine Freunde in Sulzbach-Rosenberg konnten mich nicht mehr verstehen. Sie meinten, ich könnte doch auch hier mal zu einem Pfarrer oder so. Aber mir war es so deutlich, dass ich unbedingt zu Luise fahren sollte.

Am zweiten Tag früh morgens um 5 Uhr, bevor sie zur Arbeit ging, kam Marlies Zillig (bei ihr hatte ich Unterschlupf gefunden und wurde kostenlos mitversorgt), nahm mich weinend in den Arm und wünschte mir alles Gute. Als ich Sulzbach-Rosenberg verließ, war ich erfüllt von einer Gewissheit, dass ich auf dem richtigen Weg bin.

Luise Nitsche war ganz überrascht, mich anzutreffen. Als erstes empfahl sie mir, zu meinen Eltern zurückzugehen, mich bei ihnen zu entschuldigen und sie um Aufnahme zu bitten. Dann gab sie mir noch Adressen für Bibelstunden im Hauskreis der Christlichen Gemeinschaft Kirrlach und so begann ein neues Leben.

Wie der „verlorene Sohn“ stand ich in der Hofeinfahrt meines Elternhauses. Mutter und Vater waren sprachlos. Sie hatten bereits resigniert und mit dem Schlimmsten gerechnet. Und da stand ich plötzlich. Eine Euphorie löste ich zwar nicht aus, aber sie haben mich wieder daheim aufgenommen und ich konnte lernen, erste sinnerfüllte Lebensschritte zu wagen.

Durch die Gemeinschaft unter Gottes Wort (wobei ich vieles nicht verstand) wurde ich innerlich gestärkt und getröstet. Nach einigen Wochen sprach mich Robert Riegel an und erklärte mir, dass ein Christ eigentlich sein eigenes Brot verdienen sollte, ich also Arbeit suchen sollte... .

Ich und arbeiten? Zunächst stellte sich bei dieser Vorstellung alles in mir dagegen, aber es leuchtete mir doch ein. Über das Arbeitsamt bekam ich einen Vorstellungstermin als Gärtnerlehrling in Weingarten/Pfalz. Beim Probearbeiten merkte ich allerdings, dass ich dem wahrscheinlich nicht gewachsen gewesen wäre.

Marlies Nitsche brachte mich dann auf einen anderen Weg, der sich als der richtige herausstellte: und zwar zwei Wochen Krankenpflege-Praktikum in der Evang. Diakonissenanstalt Speyer. Sie setzte sich mit einem entschiedenen Christen, dem evangelischen Krankenhausseelsorger, Pfr. Capelle, in Verbindung und dieser nahm auch zu Anfang des Praktikums gleich Kontakt mit mir auf. Seine ruhige, väterliche Art machte mir Mut, und ich konnte sehen, wie ein älterer Mensch treu mit Jesus lebt und man ihm das in Kürze abspürt.

Als ich den ersten Tag auf Station 7 („Innere, Männer“) beendet hatte, stand ich fassungslos in der Stationsküche. Schwester Sigrun fragte mich, was los sei und ich meinte spontan, dass ich es nicht fassen kann, sechs bis sieben Stunden am Stück gearbeitet zu haben. Sie dachte wohl im ersten Moment, sie höre nicht recht oder bei mir sei eine Schraube locker. Natürlich konnte sie nicht nachempfinden, was es für mich hieß, nicht davongelaufen zu sein. Aus den zwei Wochen wurden dann 18 Monate Praktikum.

Ich lernte Schritt für Schritt, belastbarer zu werden. Es war oft hart und mit viel Kampf verbunden. Einfachste Putzarbeiten erledigte ich am liebsten: Nachttische putzen, Schränke und Waschbecken auswaschen. Schwester Anne und Pfleger Jürgen Hinrichs sind mir in sehr guter Erinnerung geblieben und ich konnte durch Beobachten so manches lernen, zum Beispiel wie man mit kranken Menschen richtig umgeht.

Fünf Monate später kam ich dann auf Station 6 („Chirurgie, Männer") zu Ulla Becher. Sie war frisch aus Israel zurückgekehrt, wo sie einige Jahre verbracht hatte. Wie freute sie sich, einen „Israelkenner" und auch Christen auf Station zu haben. Und ich mich erst! Margot Birzele und Diakonisse Susanne waren für mich wie gläubige Erzieherinnen und sehr wichtig auf meinem weiteren Weg. Hier auf Station 6 wurde mir sehr wichtig, den Menschen von Jesus weiterzuerzählen und auch vorzuleben, was mich innerlich ergriffen hatte. Viele Menschen wachen erst richtig aus dem Lebenstaumel auf, wenn sie schwer erkrankt im Hospital liegen. Schwester Ulla schickte mich regelmäßig zu den Krebspatienten und den Sterbenden, da sie als Stationsschwester kaum Zeit hatte und machte mir Mut, ihnen von Jesus zu erzählen.

Die einzelnen Gespräche stehen mir heute noch vor Augen, wie todkranke Menschen wach wurden und durch meinen persönlichen Lebensbericht auch für ihre Verlorenheit Hoffnung fanden. Viele Patienten, die entlassen wurden, bekamen von mir das Buch „Jesus unser Schicksal" von Pastor Wilhelm Busch geschenkt. Es wurde meistens dankbar angenommen. Insgesamt war ich sehr zurückhaltend und oft auch unsicher in den zwischenmenschlichen Beziehungen. Auch plagten mich mit zunehmender Zeit mancherlei Anfechtungen, über die ich kaum Herr wurde.

Einmal die Sehnsucht nach einer Freundin, obwohl mir bewusst war, dass ich noch lange nicht beziehungsfähig sein würde. Zu tief war meine Seele vom Schmutz der Vergangenheit vernarbt. Es brauchte Zeit, um richtig auszuheilen. Zeit, in der ich lernen durfte, mich an Jesus zu klammern, da ohne ihn aller Widerstandswille fehlte. Denn immer wieder ließ ich meiner Phantasie freien Lauf und war bald gefangen von Emotionen und Sehnsüchten, die in die falsche Richtung wiesen. Je inkonsequenter meine Haltung dazu wurde, um so weiter weg schien mir die Beziehung zu Jesus. Oft beugte ich mich in meinem Elend unter Jesu Kreuz, erfuhr stets tiefe Vergebung und neuen Frieden, aber bald kapitulierte ich wieder und begann, mit dem Feuer zu spielen.

Dazu kam, dass ich die ganze Zeit weiter Zigaretten rauchte. Mit dem Rauschgift aufzuhören war kaum ein Problem – es war eine Befreiung! Aber Zigaretten rauchen wollte ich mir bewahren. Auch hier immer Inkonsequenz nach dem gleichen Muster. Viele Zigaretten waren es nicht mehr, ca. 5 Stück täglich, doch diese waren wie ein Ritual. Wie ein Götzensklave diente ich diesen fünf Glimmstängeln. Mit der Zeit wollte ich aufhören, aber es ging nicht. Wollte ich wirklich? Heute weiß ich, dass ich zu 50% wollte und zu 50% nicht und so konnte es niemals funktionieren!

So schwankte ich nach einem Jahr innerlich hin und her. Die Freude und Glaubenszuversicht in Jesus Christus wich zusehends. Innerlich fühlte ich mich wieder leer und frustriert. Im Gegensatz zu früher kannte ich jetzt die Ursachen, konnte oder wollte aber nichts dagegen unternehmen. Vielleicht hätte ich auch engmaschigere Betreuung und Lebenshilfe gebraucht. In der christlichen Gemeinschaft gab sich Peter Stegmüller, ein neu gewonnener Freund, alle Mühe, jeden Montagabend zwei bis drei

Stunden für mich zu opfern, aber ich kam innerlich nicht mehr vorwärts. Den Glaubensfreunden spielte ich noch den engagierten Christen vor, der ich nicht mehr war. Dieser Zustand, zwischen zwei Stühlen zu hängen, weder an der Bibel Freude zu haben, noch an der Welt, war bald unerträglich geworden. Nach 18 Monaten Krankenhauspraktikum war ich jetzt fertig und hatte drei Monate frei, bis im September 1983 meine Krankenpflegelehre losgehen sollte. Ich brauchte Tapetenwechsel, einfach weg, zwei bis drei Monate Urlaub.

Eigentlich hätte ich ja wissen müssen, dass man sich selbst nicht davon laufen kann, man nimmt sich überall mit hin. Und so landete ich im Mai 1983 wieder im Tel Aviv Airport.

Peter hatte seine ernsthaften Bedenken bekundet und meinte, dass mir das keine Hilfe sein würde. Aber allen Warnungen zum Trotz lief ich mal wieder davon...

Peter sollte Recht behalten, und so holte mich das alte Leben wieder ein.

Doch innerlich, tief drinnen, wusste ich genau: Du stehst an einem Wendepunkt, einer Wegkreuzung. Ich wusste, wenn ich jetzt wieder in den Sumpf aus Drogen und Verzweiflung zurückgehen würde, wäre es aus. Aber vor Gott kann man nicht davonlaufen!

So sehe ich es als ein weiteres großes Wunder an, dass ich schon bald wieder nach Deutschland und zu meinen Eltern zurückkehrte.

Es waren noch viele Kämpfe auszufechten, aber durch die Hilfe von Glaubensgeschwistern lernte ich langsam, mein Leben zu organisieren.

So ganz langsam schien alles in Ordnung zu kommen. Ich heiratete sogar und gründete, wie man so schön sagt, eine Familie. Meinem Herrn und Erlöser zu dienen, war mir ein Herzensanliegen. Viele, sehr viele Erfahrungen durfte ich mit Gott machen und meine Beziehung zu Jesus Christus wurde tatsächlich zu einer immer stärker werdenden Liebes-Beziehung.

Für meine Verhältnisse lief alles also mehr oder weniger gut... bis zum Januar 1999.

Ich war gerade bei einer älteren Dame zur Krankenpflege, als ich plötzlich und völlig unerwartet bewusstlos wurde und – wie mir die alte Frau später sagte – eine halbe Stunde auf dem Boden lag.

Was war jetzt los?

Tage später, nach erneuten Anfällen und Bewusstlosigkeit, sollte ich es erfahren: ein Gehirntumor!

Die Krankheit

Meine Erst-Reaktion auf diese erschütternde Diagnose im Januar 1999 waren Gefühle von völliger Verlassenheit, wie in einem finsteren Todestal, allein und isoliert. Ich war schockiert, konnte es nicht fassen. Mein Glaube war ganz weit weg, nicht greifbar.

Erst nach einigen Wochen konnte ich wieder im Neuen Testament lesen und zu meinem Herrn und Meister Jesus Christus beten. Das richtete mich etwas auf. Sehr mutmachend wirkten die Freunde aus der Christlichen Gemeinde in Kirrlach und aus der russland-deutschen freien Mennoniten-Brüdergemeinde. Ein regelrechter Gebetsaufruf begann, an dem sich viele beteiligten. Das erlebte ich als sehr stärkend.

Nachdem meine Eltern und meine Frau Gabriele den ersten Schock überwunden hatten, wuchs, reifte und vertiefte sich die Beziehung untereinander sehr.

Anhand meiner Tagebuch-Aufzeichnungen will ich nun den Schwerpunkt lediglich auf den Aspekt legen, wie Gott mich persönlich gefestigt und für den Weg auf das wahrscheinlich baldige Ableben hin vorbereitet hat:

„Herr, was soll ich tun, welche Aufgaben hast Du für mich?“

Das lag sofort auf der Hand: ermutige deine Mitpatienten. Vor allem: Gib ihnen Hoffnung, dass sie anfangen nachzudenken, dass Jesus Christus persönliches Interesse an ihnen hat, ihnen auch helfen und - vor allem - neues, ewiges Leben schenken will.

Als Pfleger weiß ich, dass Menschen oft erst in Krisenzeiten für Gottes Liebes-Werben empfänglich werden. Solange man sich stark, gesund und selbstsicher fühlt, kommt man – so meint man fälschlicherweise - ohne Gott zurecht; aber die Abgründe des Lebens rütteln dann doch so manchen wach – oder auch nicht.

So entdeckte ich einen neuen Aufgabenbereich, der mich nun die vergangenen eineinhalb Jahre ganz ausgefüllt hat.

Meine Beziehung zu Jesus wuchs dadurch sehr. Heute (Juli 2000) bin ich innerlich gefestigt und freue mich, dass Jesus bei mir ist und mich ans Ziel bringen wird. Schon vor etlichen Jahren durfte ich zu meinem Erlöser finden – damals heraus aus einem elenden Sündenleben, mit einem Bein schon in der Hölle. Bei Jesus konnte ich meine ganzen Lebenslasten abwerfen und Er hat mir meine vielen Sünden, die aus einem selbstsicheren Leben in eigener Regie entstanden, vergeben; denn am Kreuz starb Er dafür, auch für mich, damit ich nicht in der unendlichen Gottesferne enden muss.

War dies damals ein Aufatmen, als mir meine Lasten von den Schultern genommen wurden und ich wie neu geboren ein neues Leben an Jesu Hand beginnen durfte!

Zurück zum Ausgangspunkt.

So wie mich damals mein Herr und Gott führte und all die Jahre erfahrbar bei mir war, so erlebe ich mehr und mehr Seine Gegenwart in dieser Krankheitszeit.

Bei all meinen Begegnungen, sei es auf Krankenstation oder bei der radioaktiven Strahlentherapie, im Bekanntenkreis oder im Rehazentrum, spüre ich immer öfter ein innerliches Drängen, meine wunderbare Beziehung zu meinem großen und liebenden Gott und vor allem Ihn selbst mitzuteilen: nicht nur an Schwerstkranke oder hoffnungslos Sterbende, sondern auch an Pflegepersonal, Therapeuten und Ärzte. Dazu hat mir Gott bis jetzt viel Kraft und Konzentrationsfähigkeit verliehen. Ich konnte vielen persönlich schreiben und die Personen individuell verschieden in Liebe auf Jesus hinweisen, der doch will, *„dass allen Menschen geholfen werde und sie zur Erkenntnis der Wahrheit kommen“* wie es im 1. Timotheusbrief 2,4 geschrieben steht. Kurz vor der Kreuzigung fragte Pontius Pilatus Jesus: *„Was ist Wahrheit?“* (Joh. 18,38); denn die Botschaft Jesu war und ist unmissverständlich: *„Ich bin der Weg, die Wahrheit und das Leben“* (Joh. 14,6) und weiter sagt er: *„Niemand kommt zum Vater* (also ans ewige Ziel, den Himmel) *als nur durch mich.“*

So zeigt der ewige Gott sehr deutlich nur einen Weg zu ihm: durch Jesus Christus. Und Er weist auf nur eine Wahrheit hin und das ist Jesus Christus – gekreuzigt und auferstanden, um in eine verlorene Welt Hoffnung zu bringen. *„Es ist in keinem andern Heil; denn auch kein anderer Name unter dem Himmel ist den Menschen gegeben, in dem wir gerettet werden müssen.“* (Apostelgeschichte 4,12)

Jeder Einzelne, ist hier aufgerufen, eindeutige Entscheidungen zu treffen, d.h. sich „zu bekehren“, was nichts anderes bedeutet, als eine Umkehr von 180 Grad zu vollziehen: Sich abkehren vom bisherigen autonomen Denken und Leben und sich zu Jesus Christus hinwenden.

Wie sehr hoffe und bete ich, dass dies noch viele Leute erfahren und dann auch ergreifen.

Meine Tage - vor allem die Nächte - sind ausgefüllt mit Briefe schreiben und dem Lesen im Neuen Testament, um meinen Herrn noch besser kennen zu lernen, da ich ja bald bei Ihm sein werde, d.h. *„vom Glauben zum Schauen“* (2. Kor. 5,7) kommen darf.

Kurz vor der zweiten (und letztmöglichen) Operation im April 2000 in Hannover saß ich nachts vor dem OP im Aufenthaltsraum und konnte Jesus nur danken, Ihn ehren und anbeten für Seine Gegenwart, Seinen Trost und Seine Hoffnung, die zum Greifen nahe waren.

Jetzt, 3 Monate später, wächst bereits ein neuer Tumor: für alle ein Schock, nur überraschenderweise für mich nicht. Ich weiß mich tatsächlich sicher und geborgen in Gottes Hand. Ich kann es nicht anders ausdrücken, denn genau so ist meine Erfahrung. Gott entgleitet nichts. Ich merke auch, dass Er sich um Gabriele und die Kinder kümmern wird, d.h. anderen Menschen es aufs Herz zu legen vermag, sie nicht fallen zu lassen; denn die Liebe Gottes wirkt mächtig.

Für David und Silas hoffe ich, dass all diese Erfahrungen ihr weiteres Leben prägen und sie motivieren werde, unbedingt mit Jesus zu leben, der ein guter Hirte ist - auch in (menschlich gesehen) finsterer Nacht. Er kann den Seinen so beglückend nahe sein und führt sie sicher in die ewige Herrlichkeit!

Gabriele und ich sind in dieser Krankheitszeit sehr zusammengewachsen, obwohl unsere Beziehung zuvor auch sehr gut und intensiv war. Doch Krankheit und Nöte können noch enger aneinander schmieden. Dankbar bin ich auch für die Beziehung zu meinen Eltern, die im liebevollen Einsatz allezeit bereit waren und sind, anzupacken wo es nötig ist und die dies auch sichtlich gerne tun, obwohl es natürlich nicht gerade einfach ist. Daher weiß ich, dass nach meinem Tod bester Rückhalt da sein wird. Auch durch andere Angehörige, Freunde und Bekannte, Kollegen vom ambulanten Pflegedienst, die mich immer wieder ermutigen durch Kurzbesuche, Grußkarten oder kleine Geschenke. Es ist sehr mutmachend, zu sehen, wie andere mit Anteil nehmen. Und natürlich bin ich besonders dankbar für die vielen treuen Freunde aus der Christlichen Gemeinde Kirrlach, deren Gebetskämpfe und Hilfe sehr stärkend und wertvoll sind.

Wie traurig muss es doch sein, als Mensch in einer solchen Lebenslage, wie ich mich befinde, keine wirklichen Freunde zu haben und, noch viel schlimmer, keinen Heiland zu haben, der einen hält und führt.

Wenn alle beten, dass Gott mein Leben erhalten soll, so habe ich kaum Freiheit, auch so zu beten. Mein Anliegen ist es, dass unter allen Umständen Sein Wille geschehen möge und sei es, dass Er mich bald zu sich ruft. Darauf kann ich mich freuen und ich freue mich auch sehr darauf, einmal ewig bei meinem Erlöser im Himmel sein zu dürfen, wo es kein Leid, keine Krankheit, keine Schmerzen und keine Tränen mehr geben wird. Auch keine Sünden wird es dort mehr geben, denn Satan, der Widersacher Gottes, hat hier keinen Zugang. Der Himmel ist ein Ort der ewigen Freude, voll des Lobes und Ruhmes Gottes.

Im 1. Korinterbrief 2 Vers 9 heißt es: „*Was kein Auge geschaut und kein Ohr gehört hat...* (also schöner als das Schönste, was man auf Erden je gesehen hat; über die Maßen überwältigend, unbeschreiblich) *..das hat Gott denen bereitet, die Ihn lieben!*“

Norberts Ehefrau erzählt...

Die Verlobungszeit

Aufgewachsen bin ich in einem katholischen Elternhaus. Als ich in die Pubertät kam, warf ich den Glauben der Eltern über Bord, weil ich so leben wollte, wie es mir gefiel. Christliche Werte störten da nur. Voller Abenteuerlust stürzte ich mich ins Leben, hatte wechselnde Freundschaften und gab mich auch mit okkulten Dingen ab. Erst viel später merkte ich, dass meine Seele an diesem gottlosen Treiben kaputt ging.

So kam es, dass ich mit 24 Jahren nervenkrank wurde. Nach mehreren Selbstmordversuchen wurde ich schließlich in eine geschlossene Abteilung aufgenommen. Dort verabreichte man mir Psychopharmaka in hohen Dosen. In meinem Inneren herrschte ein Tohuwabohu. Durch schwere Wahnvorstellungen wurde ich eigentlich zu einem Pflegefall. Aber trotz diesem inneren Chaos wirkte Gott in mir. Ich musste erkennen, dass mich mein schuldhaftes Leben an den Rand des Abgrundes gebracht hatte. Wie der „verlorene Sohn" war ich bei den Schweinen gelandet. Doch niemand außer mir selbst war dafür verantwortlich.

Nach neun Monaten öffneten sich für mich die Tore der Psychiatrie, aber noch war ich nicht imstande, für mich selbst zu sorgen. Meine Eltern nahmen mich deshalb auf und kümmerten sich liebevoll um mich. Zu dieser Zeit fand in Obergrombach eine Zeltevangelisation statt. Mein Bruder Peter brachte mich jeden Abend dorthin. Während der sieben Abende erkannte ich die ganze Schwere meiner Schuld und Sünde. Doch ich dachte: „Für mich kann es keine Vergebung geben.“ Erst am siebten Abend begriff ich, dass Jesus Christus, der Sohn Gottes, vor rund 2000 Jahren am Kreuz für meinen ganzen Schmutz bezahlt hatte, um mich aus der Gewalt der Sünde und Finsternis loszukaufen. Es tobte noch ein schwerer innerer Kampf in mir, aber schließlich bekannte ich dem Auferstandenen meine Schuld, bat ihn um Vergebung und dankte ihm für sein Sterben am Kreuz und seine Auferstehung. Als ich betete: „Herr Jesus, du sollst von jetzt an der Herr über mein Leben sein, ich will Dir nachfolgen!“, spürte ich, dass meine Seele anfing, gesund zu werden. Ich bemerkte, dass ein neues Leben vor mir lag wie ein neues Land - unerforscht und weit. Jesus Christus nahm mich an der Hand, um mich zu führen. Nun wusste ich, dass ich finden durfte, wonach sich meine Seele die ganzen Jahre hindurch gesehnt hatte.

An diesem Abend sah mich ein junger Mann am Ausgang des Zeltes stehen. Es war Norbert, der Freund und Arbeitskollege meines Bruders Peter. Er freute sich mit Peter über meine innere Errettung und die sichtliche Veränderung, die in mir vorgegangen war. Jetzt strahlte ich eine tiefe Freude aus. Tage zuvor war ich als seelisch zerstörter Mensch zur Zeltmission gebracht worden. Er konnte an diesem Abend nicht ahnen, dass ich drei Jahre später seine Frau werden sollte.

Für mich begann jetzt meine Ausbildungszeit zur Krankengymnastin. Während dieser zwei Jahre erzählte mir Peter oft von Norbert. Immer wenn ich Norberts Namen hörte, schlug mein Herz einen Purzelbaum.

Eines Tages als ich mit dem Auto angebraust kam, sah ich dann Norbert zum ersten Mal wieder, der meinem Bruder Andreas beim Holzmachen half. Er trug gerade einen Baumstamm auf der Schulter und unsere Blicke trafen sich.

Als ich weiterfuhr, hatte ich den starken Eindruck, dass eine Tür aufgegangen war.

Bald darauf veranstaltete die Christliche Gemeinde Kirrlach einen Offenen Abend. Norbert hielt eine kurze Ansprache und sang im Chor mit. Anschließend setzte er sich zu mir, zur Schwester seines Freundes Peter. Wir unterhielten uns und ich spürte eine innere Verbundenheit, einen Gleichklang, ein Vertrautsein. Ich weiß noch genau, dass ich nach diesem ersten Gespräch mit ihm dachte: „Mit dem verstehe ich mich aber gut. Schade, dass ich mich nicht in ihn verlieben kann..." Mein Traummann war nämlich dunkelhaarig und trug keine Brille. Aber das sollte sich bald ändern.

Wir hatten dann noch öfter Gelegenheit, uns zu unterhalten. In seiner Wohnung, in der er mit Klaus wohnte, begann ein Samstagstreff für junge Leute. Zusammen mit anderen jungen Leuten lasen wir in der Bibel, sangen Lieder, beteten und redeten über den christlichen Glauben. An Norbert beeindruckte mich seine Ernsthaftigkeit, mit der er Jesus nachfolgte und die Art, wie er betete. Er war dabei ganz auf Jesus Christus konzentriert, voller Ehrfurcht und doch voll Vertrauen. Es fiel mir auf, wie einfühlsam er auf Menschen einging und wie gerne er half, wenn jemand in Not war.

Als ich mein Anerkennungsjahr in einem Heidelberger Krankenhaus absolvierte, besuchte mich Norbert dort öfter. Wir unternahmen ausgedehnte Spaziergänge am Königsstuhl und eines Tages legte er seinen Arm um meine Schulter. Wir standen weit oben auf einer Anhöhe. Unten im Tal glitzerte das Band des Neckars wie Gold in der Abendsonne. Als wir nun Arm in Arm den Heimweg antraten, war es, als ob wir schwebten und alle Menschen, denen wir begegneten, von unserem Lächeln angesteckt würden.

Obwohl wir wussten, dass wir zusammen bleiben wollten, suchten wir ernsthaft den Willen Gottes. Ist es auch sein Wille, dass wir heiraten oder sind es unsere eigenen menschlichen Pläne? Norbert bekam bald Zweifel, ob er der Verantwortung, einer Familie vorzustehen, gewachsen war. Er war hin- und hergerissen. Ich selbst war mir ganz sicher, dass ich mit ihm leben wollte. Aber mein Wunsch war es, zu wissen, ob Gott ebenfalls damit einverstanden war. Denn aus Dankbarkeit für das Geschenk der Erlösung wollte ich mein Leben nur noch unter seiner Regie führen.

Während unserer Verlobungszeit lasen wir viel in der Bibel, das gemeinsame Beten gehörte einfach dazu und war uns sehr wichtig. Wann immer wir Gelegenheit hatten, gaben wir ein Buch oder Traktat weiter oder versuchten, mit Menschen über den christlichen Glauben zu sprechen. Immer noch rangen wir im Gebet um die letzte Klarheit.

Mitten in einer Predigt bekam ich sie. Es wurde mir an folgendem Satz deutlich: „Gott hat für jeden eine Aufgabe und wer ehrlich zu sich selbst ist, der erkennt sie auch." Da erkannte ich, dass der Auftrag Gottes für mich lautete: „Werde Norberts Frau." Endlich erfüllte mich eine Ruhe, die durch nichts mehr erschüttert werden konnte. Später, während der schweren Krankheitszeit, war ich froh um diesen klaren Hinweis Gottes.

Norbert kämpfte noch länger mit sich selbst. Am liebsten wäre er davon gelaufen, aber der Herr machte auch ihm deutlich, dass er mich zur Frau nehmen durfte.

Die Ehe

Unsere Hochzeitsfeier am 26.05.1990 in der Christlichen Gemeinde steht mir noch lebhaft vor Augen. Die Glaubensgeschwister hatten alles liebevoll vorbereitet.

Innerlich überfloss ich voller Lob und Dank Gott gegenüber und sehnte mich danach, dass die Menschen an diesem Tag etwas von seiner Erhabenheit und Schönheit erfahren konnten.

Unsere Ehe war geprägt vom gemeinsamen Gebet und Bibellesen. Wir schrieben uns eine Gebetsliste mit den Namen aller Erwachsenen, Jugendlichen und Kindern aus der Gemeinde und viele andere Anliegen auf. Auch hielt jeder von uns seine persönliche „Stille Zeit“ mit Gott allein. Sehr ernsthaft beteten wir darum, dass wir durch unsere Ehe ein Segen für viele andere Menschen sein dürfen und dass uns Jesus Christus der Erste und Wichtigste bleibt. Wir beteten auch um Gelegenheiten, mit unseren Mitmenschen über das Evangelium zu reden. Und der Herr schenkte sie uns.

Am 10. März 1991 kam unser erster Sohn David zur Welt. Dieser einschneidenden Veränderung fühlten wir uns gar nicht gewachsen. Es plagte uns regelrechte Angst, den Kleinen nicht ruhig zu bekommen, wenn er zu schreien anfing. Durch das praktische Vorbild der Glaubensgeschwister lernten wir viel und wuchsen durch Beobachten sowie durch häufiges Nachfragen in die neue Aufgabe hinein.

In dieser Zeit hatte ich eine echte Glaubenskrise. Ich drehte mich nur noch um mich selbst und um meine eigenen Bedürfnisse. Jesus stand nicht mehr an erster Stelle. Innerlich fühlte ich mich leer und unzufrieden. Dies änderte sich, als wir Josef und Slawica Segedi kennen lernten, die während des Krieges Hilfsgüter und Bibeln nach Kroatien brachten. Sie brauchten dringend Verstärkung und Norbert fing Feuer für diese Aufgabe. Bald fuhr er selbst mit einem alten LKW mit nach Kroatien. Mich holte dies aus dem Mich-um-mich-selbst-Drehen heraus, weil ich erkannte, dass durch diesen Krieg Menschen in materielle und geistliche Not geraten sind. Sie brauchten Hilfsgüter für den Leib, aber auch Gottes Wort als Nahrung für die Seele. Das rüttelte mich wach und belebte mein Glaubensleben neu.

Jedes Mal, wenn der LKW vollbeladen mit Lebensmitteln, Decken, Kleidung und Bibeln aus dem Hof der Schwiegereltern Richtung Kroatien rumpelte, hatte ich wieder diesen Eindruck, dass eine Tür aufgeht. Der Stützpunkt für die Kroatienhilfe war damals in Wiesental bei Norberts Eltern. Sie unterstützten uns immer tatkräftig bei all unseren missionarischen Bemühungen. Nach dem Krieg zogen Josef und Slawica nach Kroatien, um vor Ort den Menschen die frohe Botschaft verkündigen zu können.

Als im August 1995 unser zweiter Sohn Silas zur Welt kam, wurde Norbert in die Rumänienhilfe hineingerufen. Wieder ging es darum, den Menschen Hilfe für Leib und Seele zu bringen. Norbert lernte auf diesen Fahrten Helmut und Hiltrud Wendling näher kennen. Durch das gemeinsame Ziel und die gemeinsam durchgestandenen Strapazen verband sie bald eine innige Freundschaft. „Freunde fürs Leben“ nannte sie Norbert, wenn er von ihnen sprach.

Spannend und schön waren auch die vielen gemeinsamen Unternehmungen mit jungen Russlanddeutschen, mit denen wir zelteten, paddelten und Schlittschuh liefen. Einfach mit dem Ziel, ihnen Freunde zu sein und die Botschaft der Bibel nahe zu bringen.

An Norbert beobachtete ich eine große Liebe zu Gottes Wort. Er durchforschte es gründlich und sagte dabei immer: „Je mehr ich darin lese, umso mehr muss ich darin lesen.“ Er sprach davon, dass Gottes Wort „verschlungen“ werden will. Ich bin überzeugt, dass in ihm durch Gottes Wort eine tiefe Liebe zu den Menschen und eine Bereitschaft wuchs, sich ganz für Gottes Willen aufzuopfern. Wurde er nachts zu einem Notfall gerufen, stand er auf ohne zu murren und ging, um zu helfen. Ich dagegen murrte schnell, wenn die Arbeitsbelastung zunahm. Von wegen hilfsbereit und selbstlos... Oft murrte ich auch innerlich gegen Norbert und dachte: „Wie kann er uns nur so viel zumuten?“ Es gab Zeiten, da fühlte ich mich durch unseren Lebensstil so überlastet, dass ich Norbert gar nicht mehr schätzen konnte, nur noch am Meckern war und überhaupt nicht mehr begriff, welch großes Geschenk Gottes es doch ist, einen Menschen an der Seite zu haben, der einen liebt. Dies tut mir heute leid und ich bete: „Herr Jesus, vergib mir mein Versagen, meine Schuld. Verändere doch auch mich durch die Kraft deines Wortes und erfülle doch auch mein Herz mit deiner Liebe.“ Trotz dieser vielen inneren Kämpfe und aller Erschöpfungsanfälle versuchte ich, meinem Mann den Rücken zu stärken und ihn in allem zu unterstützen. Ich spürte nämlich: Gott hatte das Feuer seiner Liebe in ihm angezündet! Auch brannte ein tiefes Verlangen in ihm, den Menschen von seinem Herrn und Erlöser zu erzählen. Wo immer er Gelegenheit dazu hatte nutzte er sie.

Unsere Nachbarschaft bestand zum größten Teil aus russland-deutschen Aussiedlern, auch eine afrikanische Familie lebte neben uns. Norbert half unseren Nachbarn in vielen praktischen Dingen und gewann so ihr Vertrauen. Von zwei Mädchen lernte er russische Lieder über Jesus Christus.

Mit einem Missionar aus Kirgisien, der dort als Bibelschullehrer arbeitet und gerade im Heimaturlaub war, hielten wir unsere erste Freiversammlung auf dem großen Parkplatz zwischen Übergangswohnheim und Gemeindehaus ab. Es folgten weitere. Gottes Wort wurde verkündigt und Norbert sang seine russischen Lieder.

Russlanddeutsche Glaubensgeschwister aus anderen Gemeinden unterstützten uns dabei. Im Juni 1998 fand auf besagtem Parkplatz eine Zeltmission statt. Jeden Abend war das Zelt bis auf den letzten Platz besetzt. Ein Mann dessen Frau bereits in Kasachstan zu Gott gefunden hatte, bekehrte sich während dieser Woche. Die Freude, die Norbert und ich bei solchen Gelegenheiten empfanden, kann ich nur schwer wiedergeben: Eine Freude, die uns der Herr selbst ins Herz gab und die uns anspornte, weiter darum zu kämpfen, dass noch viele Menschen die Frohe Botschaft hören können. Wir wollten Menschenfischer sein und das mit ganzer Kraft. Und der Herr segnete unsere Ehe und Familie mit Harmonie und Zufriedenheit.

Norbert hatte sich aus Israel viele juden-christliche Lieder und vertonte Psalmen mitgebracht. Er lernte die richtige Aussprache dieser Lieder und begleitete sein Singen auf der Gitarre. Sein Freund Tobias, der Geigenspieler, und Norbert fassten den Plan, mit diesen Liedern aufzutreten. So entstanden die Israelabende. Norbert und Karin Busch umrahmten sie mit einer Kunstausstellung sowie mit israelischen Tänzen, die Karin dem Publikum beibrachte. Im Verlauf eines Israelabends berichtete Norbert von seinem Leben: Wie er in Israel in der Wüste vor Durst fast umgekommen war, wie er sich durch sein Aussteigerleben eine schwere Gelbsucht zugezogen hatte, sowie körperlich kaputt und seelisch ausgebrannt wieder in Deutschland angekommen war. Aber durch diese „Wüstenzeiten“ hatte er zum Glauben an Jesus Christus gefunden. Er machte den Zuhörern eindringlich klar, dass Jesus nicht nur kaputten Drogenfreaks ein neues Leben schenken will, sondern dass jeder aufgefordert ist, umzukehren und sein Leben unter die Herrschaft Jesu zu stellen.

„Ein halber Christ ist ein ganzer Unsinn“ – diese Einstellung kennzeichnete Norberts Christenleben. Obwohl er für den Bau von Gottes Reich auch beruflich alles gab, kann ich nicht sagen, dass wir als Frau und Kinder auch nur an einem einzigen Tag zu kurz gekommen wären. Oft, wenn er abends müde nach Hause kam, durfte ich ihm doch noch mit allen meinen großen und kleinen Sorgen in den Ohren liegen. Er schenkte mir seine volle Aufmerksamkeit, obwohl er abgekämpft war.

Zweimal im Jahr fuhr er mit uns in den Urlaub. Ich schreckte manchmal angesichts der Packerei davor zurück, aber er ermutigte mich: „Es ist wichtig, dass wir als Familie Zeit füreinander haben.“ Unsere Urlaube führten uns ins Dreiländereck Deutschland-Polen-Tschechien, nach Herrnhut in der Oberlausitz. Dort setzten wir uns mit dem Leben des Grafen Zinzendorf und den Anfängen der Herrnhuter Mission auseinander. Auch dies prägte unser Christenleben. Wir hatten Anschluss an die christliche Gemeinde in Berthelsdorf, wo uns mit den dortigen Glaubensgeschwistern innige Freundschaften verbanden. Diese Urlaubszeiten nutzten wir auch, um gute Bücher zu lesen. Wir nahmen uns immer ein Buch mit, das wir dann auch den Kindern vorlasen. Wir verbanden in unseren Familienurlauben Spielen, Zusammen sein und Ausrichten auf Gott miteinander, so dass wir uns wieder gestärkt dem Alltag stellen konnten.

Einer unserer Leitsprüche, unter den wir unsere Ehe gestellt hatten, lautete: *Carpe diem* – Nutze den Tag. In der Bibel heißt es *„kaufet die Zeit aus“*. Wir versuchten es wirklich und heute bin ich so froh darum. Die uns beschiedene Zeit als Ehepaar war kurz, aber erfüllt.

Am 31.12.98 feierten wir in geselliger Runde Silvester. Wir dankten Gott für alle Bewahrung im verflossenen Jahr und legten unser Leben für das kommende Jahr in seine Hände. Norbert las eine kleine Andacht und wir gingen zusammen betend ins neue Jahr.

Der 1. Januar 1999 war ein bedrückender Tag. Der feucht-graue Nebel wirkte angsteinflößend. Ich dachte bei mir: „Bei diesem Wetter muss mein Mann unterwegs sein und heute habe ich noch gar nicht um Bewahrung für ihn gebetet." So kniete ich mich nieder und betete: „Danke Herr, dass du mir einen wunderbaren Mann geschenkt hast. Bitte beschütze ihn, wenn er jetzt bei diesem Nebel im Auto unterwegs sein muss." Ich stand auf, aber das mulmige Gefühl war ich trotzdem nicht losgeworden. Kurz darauf klingelte das Telefon. Es war Norbert, der mir erzählte: „Du, ich liege grade im Bett einer 80-jährigen Oma. Sie sitzt im Lehnstuhl und besteht darauf, dass ich einen Notarzt anrufe. Sie lässt mich nicht mehr mit dem Auto weiterfahren, weil ich fast eine halbe Stunde bewusstlos in ihrer Küche gelegen bin." Ich staunte einerseits darüber, dass diese alte Dame so geistesgegenwärtig und durchsetzungsfähig war, andererseits befiel mich eine große Unruhe...

Später klingelte es an der Haustür und Norberts Kollege brachte ihn zu mir nach Hause. Norbert sah sehr blass aus. Er legte sich auch sofort ins Bett und schlief sehr tief. Gegen 17 Uhr stand er auf, weil er Hunger bekam. Ich wunderte mich, dass er wie ein alter Mann mit hängenden Schultern zur Küche schlurfte. Es war noch Gulaschsuppe von der Silvesterfeier vorhanden, die er mit Genuss aß. Auch am Tisch wirkte er unendlich müde und saß zusammengesunken auf dem Stuhl, von dem es ihn plötzlich hochriss. Er stieß röchelnde Laute aus und torkelte durch die Küche. In seiner Qual riss er die Küchenschranktür aus den Angeln. Ich wusste: „Jetzt muss ich Hilfe holen“ und verständigte den Krankenwagen. Norbert schwankte durch die Küche, röchelte, hatte Schaum vor dem Mund, bis er langsam zu Boden ging und bewusstlos liegen blieb. Das Ganze dauerte sieben bis acht Minuten, die mir wie eine Ewigkeit vorkamen. Als ich ihn so liegen sah, schossen mir Gedanken durch den Kopf wie: „Jetzt habe ich einen Pflegefall...“ Voller Angst und Entsetzen kniete ich mich neben ihn und sagte ihm unter Tränen: „Norbert, hörst Du, ich habe dich sehr, sehr lieb.“ Ich wurde fast verrückt, bis der Krankenwagen endlich kam. Mein Mann hatte zwar die Augen geöffnet, aber ich wusste nicht, ob er etwas mitbekam. Er konnte gar nicht sprechen. Die Rettungssanitäter kamen und hängten Norbert sofort Infusionen an. Der Notarzt ließ sich das Geschehen beschreiben. Er diagnostizierte einen epileptischen Anfall. Norbert wurde auf eine Liege gelegt und die Treppe hinuntergetragen. Die Helfer schoben ihn ins Auto. Ich durfte mitfahren und setzte mich neben die Liege.

Inzwischen war es draußen dunkel geworden. Während der Krankenwagen in rasender Fahrt zum Karlsruher Klinikum jagte, kehrte bei Norbert die Sprache zurück. Ich war erleichtert, dass es offensichtlich kein Schlaganfall gewesen war. Aber mein Mann sagte: „Der kann noch nachschieben.“ Wieder beschlich mich diese unheimliche Angst. Im Krankenhaus wurden wir sehr freundlich aufgenommen. Während wir auf die Computertomografie warteten, versuchte ich, meinen Schwager zu erreichen. Doch ich war so aufgeregt, dass mir die Nummer nicht einfiel. Norbert selbst war sehr ruhig und nannte mir ein paar Telefonnummern auswendig. Bei einer hatte ich Glück. Walter und Elena, Glaubensgeschwister und Freunde aus der Gemeinde, waren erreichbar und kamen sofort in die Klinik. Sie warteten geduldig, bis Norbert alle Untersuchungen hinter sich hatte. Ich selbst war voll entsetzlicher Angst, dass er während des Computertomogramms wieder einen solchen Anfall bekommen würde. So wanderte ich ruhelos auf dem Flur auf und ab, solange sich Norbert hinter der Tür des Untersuchungsraumes, einer Tür des Ungewissen befand. In mir herrschte eine große innere Anspannung. Da fiel mein Blick auf ein beleuchtetes Krankenhausfenster auf der gegenüberliegenden Seite. Ich sah die weiße Wand des Zimmers, auf der sich deutlich ein Kreuz abhob. Fassungslos staunte ich. Zum ersten Mal wurde ich ruhiger. Dieses kleine Kreuz redete zu mir von der Gegenwart des Erlösers, der selbst durch tiefes Leid ging, um seine Geschöpfe aus der Gewalt der Finsternis loszukaufen. Ich fasste Mut. Norberts Leben lag doch in der Hand dessen, den seine Liebe ans Kreuz brachte und dem er sich ganz anvertraut hatte. Trotz des inneren Chaos konnte ich nun einigermaßen beten.

Norbert überstand die Untersuchung ohne weiteren Anfall. Die Ärztin zeigte uns die Röntgenbilder und wir entdeckten selbst den weißen Fleck, der sich offensichtlich an einem unpassenden Ort im Gehirn befand. Uns beschlich eine bedrohliche Ahnung. Ich habe noch genau ihre Worte im Ohr: „Es ist ein ernster Befund." Dass unsere Freunde zugegen waren, tat uns so gut und ich weiß noch, wie Norbert und ich zueinander sagten: „Wie froh können wir jetzt sein, dass wir eine Gemeinde haben und Glaubensgeschwister, die uns den Rücken stärken." Wir empfanden es als einen starken Halt und Trost. Ich begleitete Norbert auf die Station. Als die Schwestern dort erfuhren, dass er ein Kollege ist, durfte er ins Privatzimmer. Auch in dem Punkt merkte ich, dass Gott selbst bei uns war. Inzwischen war es 22 Uhr geworden. Ich musste

Norbert nach all dem Entsetzen und der Angst dieses Tages allein in der Klinik zurücklassen. Harald, Norberts Freund und Vertrauter, hatte in der Zwischenzeit alle Geschwister angerufen, damit sie für uns beteten.

Am nächsten Morgen im Gottesdienst kamen mir alle mit ernsten, traurigen Gesichtern entgegen. Ich merkte, dass alle sehr betroffen waren, über das, was geschehen ist. Das gab mir Kraft, denn ich dachte, ich muss jetzt stark sein, um die anderen zu trösten. Eine Frau, deren ältester Sohn als Kind an einem Hirntumor erkrankt war, sagte: „Ich möchte diese Zeit nicht mehr durchmachen. Aber ich möchte auch nicht darauf verzichtet haben." Ich wunderte mich über diesen Satz, aber er gab mir Mut. Ich merkte, wie ich ruhiger wurde.

Obwohl Norbert im Krankenhaus viele Medikamente verabreicht wurden, kamen diese Anfälle immer wieder – wenn auch nicht mehr ganz so stark wie der erste. Es war für mich jedesmal ein Entsetzen, das mich sehr belastete. Auch dieses quälende Warten, bis endlich eine Kernspinaufnahme vom Kopf gemacht wurde, kam mir endlos vor. Die Angst und Ungewissheit strapazierten meine Nerven aufs Äußerste. Norbert las in dieser Zeit oft den 6. Psalm, der am ehesten ausdrückte, was in ihm vorging. *„Ich bin ins Bodenlose gestürzt worden...* "Täglich war ich bei ihm am Krankenbett. Trotz unserer Verzweiflung spürten wir, dass unser himmlischer Vater bei uns war. Wir merkten es durch die vielen Briefe, Anrufe, Grußworte sowie Besuche von vielen Freunden und Glaubensgeschwistern. Für uns beide war dies ein großer Trost und lenkte unsere Blikke wieder auf den Herrn sowie auf die Versprechen, die er uns in seinem Wort gegeben hat. Auch hatte er immer wieder sehr nette Zimmerkollegen.

Norbert fing an, im Lukasevangelium weiterzulesen, wo er am 31.12. stehen geblieben war. Ein Gedanke darin ergriff ihn zutiefst und ließ ihn nicht mehr los. Jesus sagte zu seinen Jüngern: *„Bittet den Herrn der Ernte, dass er Arbeiter sende in seine Ernte."* Und ein paar Verse weiter sagte er zu den selben, die um Arbeiter bitten sollen: *„Gehet hin!"* Wir nahmen uns vor, wenn Norbert wieder gesund wird, *„hinzugehen..."*

In dieser ersten Januarwoche waren die Nächte eine einzige Katastrophe. Ich wachte jede Stunde auf, wenn ich überhaupt zum Einschlafen kam. Furchtbare Ängste quälten mich. Ich war froh, dass meine Mutter in dieser Zeit immer bei uns war.

Bald sah ich aus wie ein Gespenst. Ich hatte den Eindruck, dass man mich fast nicht mehr anschauen konnte. So bleich war ich und riesige schwarze Ringe umrandeten meine Augen. In dieser Zeit fiel mir eine frühere Lebenserfahrung ein und ich sagte zu mir selbst: „Ich habe doch vor einiger Zeit die Erfahrung gemacht, dass ich ohne Gottes Wort und ohne die Gemeinschaft mit ihm kraftlos werde. Umso mehr will ich ihn jetzt suchen, damit ich bestehen kann." Ich weiß selbst nicht mehr, wie ich es schaffte, jede Nacht um 1 oder 2 Uhr aufzustehen und bis zum Morgen zu beten und in der Bibel zu lesen. Gott selbst muss mir die Kraft gegeben haben. Es kann nicht anders sein. Dafür bin ich ihm unendlich dankbar, dass er mich in der schwersten Zeit meines Lebens so zu sich gezogen hat. Ich durfte in diesen Gebetsnächten viele wunderbare Erfahrungen machen. Gottes Wort wurde mir zur Hilfe. In der Nacht zum 03.01.99 las ich im Schöpfungsbericht folgendes: *„Dann sprach Gott: Es sammle sich das Wasser unterhalb des Himmels an einem besonderen Ort, damit das feste Land sichtbar wird. Und es geschah so. Und Gott nannte das Trockene Erde und dem Wasser aber, das sich gesammelt hatte, gab er den Namen Meer."* (1. Mose 1, 9-10) Ich stellte fest: „So ist es doch bei uns auch!

Wir sehen nur noch die gewaltigen Fluten, die uns in die Tiefe reißen wollen und gegen die wir machtlos sind. Aber Gott weiß, dass das Land längst da ist. Wenn seine Zeit gekommen ist, wird er auch diesen Fluten gebieten, die uns bedrohen, und wir werden auf dem festen Grund stehen." In diesen Gedanken fand ich das erste Mal Hoffnung.

Nach 10 Tagen Krankenhausaufenthalt konnte bei Norbert endlich die Kernspinaufnahme gemacht werden. Zum ersten Mal war die Rede von einem Hirntumor. Aber es sehe ganz gut aus, es könne operiert werden, es bestände gar kein Grund zur Panik.

Doch kurz darauf ging die Tür auf. Ein Professor, der vorher nie mit uns gesprochen hatte, kam herein. Er redete irgendwas von einem Hirntumor, der nicht operiert werden könne. Wir verstanden gar nicht recht, was er sagen wollte. Er drückte sich auch nicht verständlich aus. Norbert gab sich als Krankenpfleger zu erkennen und bat um rückhaltlose Aufklärung. Nun beschrieb er uns, dass bei der Kernspinaufnahme ein Gehirntumor festgestellt wurde, der sich nicht operieren lässt. „Es sieht nicht gut aus! Alles andere ist Augenwischerei. Ich beneide sie nicht. Denn wir werden diesen Tumor nicht operieren können." Dann war er wieder draußen. Erneut zog es uns den Boden unter den Füßen weg und wir stürzten in eine unermessliche Angst.

Es musste nun eine Gewebeprobe entnommen werden um festzustellen, ob es sich um einen gut- oder bösartigen Tumor handelte. Deshalb wurde Norberts Kopf aufgebohrt und eine Probe entnommen. Norbert war dabei bei vollem Bewusstsein. Es war furchtbar für ihn. Er bekam ein angsteinflößendes Gestell auf den Kopf gesetzt, mit dem der Kopf fixiert wurde und das entsprechend fest sitzen musste. Es war eine schreckliche Tortur. Er selber saß dabei auf einem Stuhl. Mein Mann erzählte mir später, dass der Arzt und die Helferin sich, während sie ihm den Schädel aufbohrten und die Gewebeprobe entnahmen, über den nächsten Urlaub unterhielten...

Wieder vergingen drei qualvolle Tage, bis das Gewebe untersucht war. Am Abend des dritten Tages war Jürgen aus unserer Gemeinde zu Besuch. Sein Sohn war Jahre zuvor selbst an einem Hirntumor operiert worden. Ein Neurochirurg brachte das Ergebnis. Wir baten darum, dass unser Besuch dabei bleiben durfte. Der Arzt sagte, dass es sich um ein Glioblaston, einen sehr aggressiven und äußerst bösartigen Tumor handelte. Auf Norberts Frage, welche Überlebenschance er habe, kam die Antwort: 3 – 9 Monate.

Unser Zimmernachbar, Herr F., mit dem uns ein herzliches Verhältnis verband, hörte ebenfalls diese Nachricht und war sichtlich erschüttert. Der Neurochirurg ließ sich erfreulicherweise lange Zeit und ging bereitwillig auf unsere Fragen ein. Aber die Diagnose stand im Raum. Auf meine Frage, ob man Norbert nirgends helfen könne, sagte er: „Es gibt keine Möglichkeit. Sie können überall hinreisen. Kein Neurochirurg wird Ihren Mann an dieser Stelle operieren. Es ist zu gefährlich. Ich möchte Ihnen diese Anstrengung ersparen. Finden Sie sich damit ab." Wie froh waren wir, dass wir in diesem Augenblick nicht allein waren, sondern unser Glaubensbruder Jürgen bei uns stand. Wie wir diesen Abend noch verbrachten, weiß ich nicht mehr. Ich spürte nur unseren Schock und Norberts seelischen Sturz sowie grenzenlose Verzweiflung.

Die Heimfahrt war für mich ein Albtraum. Nicht nur um mich war es dunkel. In mir herrschten Dunkelheit, Chaos und Entsetzen. Alles Versagen in der Ehe, alle Lieblosigkeiten Norbert gegenüber kamen mir in den Sinn. Unter Tränen schrie ich zu Gott um Vergebung und Reinigung. Aber auch in dieser Nacht gab mir mein himmlischer Herr reichen Trost durch sein Wort. Dafür bin ich ihm auch heute noch dankbar. Denn ich las vom Paradies und dem Glück der ersten Menschen in Gottes Nähe. Ich betete: „Herr, schenke uns doch auch jetzt in unserer großen Not, in dieser Situation, die aussieht, als ob sie das Ende wäre, ein Stück vom Paradies." Und er tat es auf wunderbare Weise, wovon ich später noch mehr berichten will. Ich nannte die Strecke zu Norbert ins Klinikum und zurück fortan meine „Tränenstrecke". Auf diesem Weg kam mir nämlich immer wieder Unrecht in den Sinn, das ich meinem Mann bewusst oder unbewusst angetan hatte. Oft fragte ich mich voller Verzweiflung: „Warum habe ich nicht mehr begriffen; welches Geschenk es ist, ihn als Partner zu haben? Warum hatte ich so oft etwas an ihm auszusetzen?" Ich war dankbar, dass ich dem Herrn alles sagen durfte, was mich quälte.

Auf dieser Tränenstrecke begriff ich, wie unendlich heilig die Ehe in Gottes Augen ist. Eines Abends, als ich vom Krankenhaus herauskam, dachte ich voller Sorge: „Wenn nun alles gar nicht stimmt, an was wir glauben, wenn der Himmel leer ist...?" Plötzlich sah ich über mir einen unermesslichen Sternenhimmel. In einer Intensität strahlten die Sterne, wie ich sie nie zuvor wahrgenommen hatte. Da wusste ich: Es muss einen Schöpfer geben und dieser Schöpfer war um unseretwillen Mensch geworden – in Jesus Christus. Es war ein überwältigender Gedanke für mich und wieder empfand ich die Nähe Gottes.

Immer wieder bekam Norbert Anfälle. Sie strengten ihn sehr an. Es erstaunte mich, mit wie viel Geduld und Einfühlungsvermögen er auf seine Mitpatienten einging. Er lenkte das Gespräch immer wieder auf seinen Herrn Jesus Christus und bezeugte dabei, wie die Begegnung mit ihm sein Leben verändert hatte. Eines Abends wurde ein junger Mann zu ihm ins Zimmer gelegt, dem noch der

Schrecken und das Entsetzen über das Erlebte im Gesicht stand. Norbert nahm sich herzlich um ihn an. Man merkte, wie es den jungen Mann beruhigte. Später schrieb er ihm noch einen Brief und schenkte ihm eine Bibel. Ich wunderte mich, woher er die Kraft dazu nahm. Aber ich war mir gleichzeitig bewusst, dass viele Menschen für ihn beteten. Etliche Freunde besuchten ihn auch immer wieder voller Liebe.

Der Tag kam, an dem Norbert aus der Klinik entlassen wurde. Verzweifelt bat ich die Freunde aus unserer Gemeinde, für mich zu beten, denn ich fürchtete mich so sehr davor, dass mein Mann zuhause wieder diese Anfälle bekommen würde. Ich konnte mir überhaupt nicht vorstellen, wie alles werden sollte, da Norbert auch sehr geräuschempfindlich geworden war. Wie sollte das mit zwei kleinen Kindern alles funktionieren? Die schlimmsten Befürchtungen stiegen in mir hoch.

Der Tag, an dem wir Norbert aus dem Krankenhaus holten, war sehr traurig und trostlos. Sein Bruder kam mit einem Kleinbus, auf dessen Boden ein Lager bereitet war, denn Norbert war zu schwach zum Sitzen. So saß ich hinten im Bus neben meinem todkranken Mann und fühlte mich gefangen in einem Abgrund aus absoluter Verzweiflung sowie dem Gefühl meiner eigenen Ohnmacht und Schwäche.

Am ersten Tag zuhause besuchten uns mein Bruder und meine Schwägerin. Ich weiß noch, wie gut es tat, ihre Liebe und Anteilnahme zu spüren. Es gab mir das Gefühl, dass der Abgrund unter mir nicht mehr ganz so tief klaffte. Hoffnung keimte in mir auf. Gott redete auch weiter zu mir. Im Schöpfungsbericht las ich über Enosch, den Schwächlichen. *„Zu dieser Zeit fing man an, den Namen des Herrn anzurufen“*, hieß es dort. Ich überlegte mir Folgendes: „Auch wenn Norbert nun so schwach und hilflos geworden ist, so können wir doch Gottes Namen anrufen und ihm vertrauen. Und Gott kann auch jetzt noch etwas für seinen großen Namen tun.“ Bald nach der Entlassung predigte Norbert nach längerer Zeit wieder in unserer Gemeinde. Wir alle wagten kaum zu atmen. Die Männer saßen sprungbereit, um ihn aufzufangen, falls ein Anfall ihn zu Boden werfen würde. Das Thema der Predigt war: „Gehet hin!“ und man spürte, dass sein Herz ganz davon erfüllt war.

Zuhause klappte alles besser, als ich befürchtet hatte. Norbert erklärte den Kindern, was in seinem Kopf vor sich ging. Er malte ihnen Bilder vom Gehirn und dem Tumor, der Druck darauf ausübt und so diese Anfälle auslöst. Unseren beiden Kindern half dieser Anschauungsunterricht sehr. Er sprach mit ihnen auch offen darüber, dass er von dieser Krankheit nicht geheilt werden kann und daran sterben wird.

Eine Woche später kam ein Anruf von der Friedrichstaler Gemeinde. Sie fragten an, ob unsere Gemeinde bereit sei, mit ihrer Gemeinde zusammen einen Fastensonntag für Norbert abzuhalten. Unsere Gemeinde war einverstanden und so durften Norbert und ich unsere Gebetsanliegen nennen. Kurz nach diesem Fastensonntag bekamen wir Kontakt zu einem Neurochirurgen in Mannheim und ich konnte kurz darauf mit Norberts Kernspinbildern ins Klinikum reisen. Mein Vater und eine Tante begleiteten mich. Der Neurochirurg nahm uns sehr herzlich in Empfang: „Na, kommt mal mit.“ Ich machte mir aufgrund der Auskünfte, die wir von den Karlsruher Ärzten erhalten hatten, überhaupt keine Hoffnung, dass uns jemand helfen könnte. Der Arzt sah sich die Bilder an und meinte dann: „Wir operieren das!“ Er erklärte uns, dass sie über eine neue Computertechnik verfügten (Neuronavigation), mittels derer man problematisch gelegene Tumore im Hirn und Rückenmark operieren könne. Wir glaubten zuerst, uns verhört zu haben. Aber nach der nochmaligen Zusicherung des Doktors, die Operation durchführen zu können, verließen wir mit neuer Hoffnung das Krankenhaus. Während wir auf die Straßenbahn warteten und miteinander redeten, fiel mein Blick auf den Haupteingang des Mannheimer Zentralfriedhofs, der gegenüber der Haltestelle liegt. In großen Buchstaben stand da zu lesen: *„Selig sind die Toten, die im Herrn sterben. Sie ruhen von ihrer Mühe und ihre Werke folgen ihnen nach.“* (Offenbarung 14, 13) Dieses Wort berührte mich sehr und brannte sich in meinem Gedächtnis fest. Ich wusste nicht, welch weit reichende Bedeutung dieser Bibelvers noch für mich bekommen sollte.

Es folgte eine Zeit großer Anspannung, da der Neuronavigator, mit dem Norbert operiert werden sollte, einen Defekt bekam und die Operation verschoben werden musste. Mein Mann war bereits ins Klinikum aufgenommen worden und wurde nun wieder nach Hause geschickt. Für unsere angeschlagenen Nerven stellte dies eine schwere Prüfung dar. Wir waren ziemlich aufgewühlt. Der Arzt gab uns den Rat, Urlaub zu machen. Es erwies sich als sehr guter Rat. Wir fuhren zusammen mit den Schwiegereltern in den Schwarzwald und weil gerade hoher Schnee lag, erwies sich der Urlaub auch für unsere beiden Buben als wunderschön. Norbert konnte sogar mit ihnen Schlitten fahren. Darüber waren sie sehr glücklich. Der Hausvater, in dessen Erholungsheim wir übernachteten, nahm sich sehr herzlich um uns an und las jeden Abend mit uns in der Bibel.

In mir selbst nagten sehr große Zweifel. Ich dachte oft: „Vielleicht haben die Ärzte in Mannheim gemerkt, dass sie Norbert doch nicht operieren können und haben ihn deshalb wieder heimgeschickt. Wahrscheinlich ist das mit dem defekten Gerät nur erfunden, weil sie sich davor scheuen, uns die Wahrheit zu sagen." Solche und ähnliche Gedanken quälten und beherrschten mich völlig. Ich versuchte, dem Herrn zu vertrauen und mich auf sein Wort zu verlassen, dass er uns *„Gnade schenken wird zur rechtzeitigen Hilfe"*. Doch ich schaffte es einfach nicht, mich an Gottes Zusagen festzuhalten. Unruhe, Unglaube, Sorgen zermürbten mich und raubten mir Kraft, die ich doch dringend gebraucht hätte. Norbert ließ sich in diese zweifelnden Gedanken gar nicht hineinziehen. Obwohl ihn das Wissen um seine unheilbare Krankheit und die immer wieder auftretenden Anfälle sehr belasteten, dachte er mehr an seine Mitmenschen als an sich selbst. Seine größte Sorge galt der Rumänienarbeit. Wie würde es weitergehen? Würden die Menschen und ihre Not dort bald in Vergessenheit geraten? Schließlich, nach fast vier Wochen, war es dann doch soweit. Das Gerät war wieder einsatzfähig und Norbert wurde zur Operation einbestellt. Am Abend vor dem OP-Tag saßen wir in Norberts Zimmer und waren ganz ruhig, ja sogar heiter. Ein Freund aus unserer Gemeinde war zu Besuch und gemeinsam redeten sie mit dem Zimmerkollegen über den christlichen Glauben. Dieser verwunderte sich an diesem Abend in zweifacher Hinsicht sehr. Erstens darüber, dass jemand vor einer so schweren Hirnoperation so gelassen sein kann und zum Zweiten über den Inhalt des Evangeliums, der ihm so noch nie zu Ohren gekommen war. Aber wir drei konnten uns von Herzen darüber freuen, dass Norberts Krankheit sogar noch zu diesem Guten dienen durfte, dass ein Mensch die frohe Botschaft hören konnte. Das stärkte auch Norbert sichtlich. Es sollten noch viele solcher Gelegenheiten folgen, von denen wir merkten, dass Gott sie vorbereitet hatte.

In dieser Nacht saß mein Mann noch lange mit den Nachtschwestern zusammen. Sie sagten ihm, dass nach solchen Operationen oft Lähmungen vorhanden sind, die aber meistens nach einer Rehabilitation verschwinden. Der Eingriff am nächsten Tag gelang sehr gut und Norbert hatte keinerlei Lähmungen oder Ausfälle, obwohl es doch eine ziemlich riskante Sache gewesen sein musste. Das merkten wir daran, wie beeindruckt die Ärzte waren, dass Norbert seinen linken Arm und sein linkes Bein wie vorher gebrauchen konnte. Nur in seinem Kopf herrschte ein furchtbares Chaos. Er beschrieb es mit den Worten „Es tobt darin so, dass ich fast wahnsinnig werde.“

Ich freute mich, dass ich nach der Operation jeden Tag bei ihm sein konnte. In der Zwischenzeit wurde das entfernte Tumorgewebe untersucht. Nach sieben Tagen war der Befund da. Der Arzt, der ihn operiert hatte, nahm sich sehr viel Zeit. Mit großer Feinfühligkeit erklärte er uns, dass sich die anfängliche Diagnose aus Karlsruhe bestätigt hatte. Er gab offen zu: „Diese Krankheit ist tödlich. Man muss eher mit einem kurzfristigen Verlauf rechnen. Wenn es noch zwei Jahre dauert, dann ist es schon viel.“ Aus Norberts Augen rannen Tränen. Er wischte sie ab und ich wunderte mich über die Festigkeit in seiner Stimme, als er dann sagte: „Jeder von uns steht ja von Geburt an unter dem Todesurteil. An mir wird es früher vollstreckt. Als ich noch nicht gläubig war, nahm ich Drogen und plante damit einen Selbstmord auf Raten. Doch in Jesus Christus fand ich Vergebung und neues Leben mit einem tiefen Sinn. Aber ich möchte mich bereitmachen, mein Leben in die Hand meines Schöpfers zurück zu legen.“

Nachdem wir noch lange miteinander gesprochen hatten, verabschiedete sich der Arzt. Durch seine einfühlsame Art hatte er uns trotz der schwerwiegenden Diagnose einen großen Trost und Halt mitgegeben. Nun saßen wir allein in der Ecke des Krankenhausflurs, als wir einen Mitchristen aus einer Mannheimer Baptistengemeinde um die Ecke biegen sahen. Wir schilderten ihm das Gespräch von eben und sagten ihm, wie wichtig es für uns ist, dass er gerade jetzt da ist. Unser Besucher gab uns viel Mutmachendes weiter. Ein Satz davon blieb in mir besonders hängen: „Ihr dürft den Herrn trotzdem fragen, wie ihr ihm jetzt dienen könnt." Obwohl ich spürte, dass eine große Wahrheit in seinen Worten lag, dachte ich: „Nun ist doch alles aus. Wie sollen wir dem Herrn jetzt noch nutzen können?" Das Denken, dass der Herr einen nur gebrauchen kann, wenn man vor Kraft und Gesundheit strotzt, steckte tief in mir drin. Wie groß war mein Staunen in der darauf folgenden Zeit, in der Gott gerade Norbert in seiner Schwachheit zu seinem Werkzeug machte.

Noch am selben Abend gab es wieder Gelegenheit, unseren christlichen Glauben zu bezeugen. Der neue Zimmerkollege Ludwig saß auf seinem Bett und war in eine Zeitschrift vertieft. Wieder war ein Freund aus unserer Gemeinde zu Besuch. Er und Norbert erzählten sich gegenseitig ihre „Bekehrungsgeschichten", obwohl jeder die des anderen doch fast wortwörtlich auswendig aufsagen konnte. Aber wir merkten, dass Ludwig hinter seiner Zeitschrift versteckt jedes Wort aufsaugte. So nutzten wir jede Gelegenheit, unseren Glauben zu bezeugen und Bücher oder Cassetten weiterzugeben. Norbert selbst tat es mit brennendem Eifer.

Direkt nach der Operation ging es ihm besser. Wir dachten, dass doch noch alles gut würde. Doch nach zwei Wochen bekam er wieder einen schweren epileptischen Anfall, ausgelöst durch die OP-Narbe im Gehirn. Dieser Anfall warf ihn kräftemäßig um Wochen zurück. Er musste nun wieder viele Medikamente einnehmen, die diese Anfälle unterdrücken sollten. Aber sie schlugen dennoch immer wieder durch. Für Norbert schwanden damit die Hoffnungen, jemals wieder selbst Auto fahren zu können. Es war für ihn sehr schwer, dies alles hinzunehmen. Beim Gedanken an die Menschen in Rumänien meinte er: „Durch diese Krankheit kann ich jetzt nicht mehr selbst fahren, denn meine Kräfte reichen dazu nicht mehr aus. Aber vielleicht ist es ganz gut so, denn nun kann der Herr andere in diesen Dienst rufen.“ Und Gott tat es auch. Es war für Norbert die größte Freude, als er merkte, dass Männer aus unserer Gemeinde bereit wurden, weiterhin den Menschen in Rumänien Nahrung für Körper und Seele zu bringen.

Einige Wochen nach dem operativen Eingriff wurde mit den Bestrahlungen begonnen. Dazu fuhren wir zweimal am Tag, morgens und nachmittags, nach Mannheim ins Klinikum. Die Bestrahlungen waren für Norbert eine furchtbare Qual. Sein Kopf war eingeengt in einer am Gesicht anliegenden Kunststoffmaske. Ganz allein lag er in einem Raum mit riesigen Apparaten, aus denen Radioaktivität in seinen Kopf geschossen wurde. Noch Stunden danach ging es ihm sehr schlecht.

Im Wartesaal vor den Bestrahlungskabinen lernten wir wieder nette Menschen kennen, hatten sehr gute Gespräche und erlebten Anteilnahme und Ermutigung. Eine Frau, mit der wir sehr schöne Gemeinschaft erlebten, sagte einmal zu mir: „Ich staune darüber, wie lebensfroh Norbert trotz dieser schweren Krankheit ist und mit wie viel Aufmerksamkeit er auf seine Mitmenschen eingeht.“

Auch der Strahlenarzt war eine echte Perle und machte uns viel Mut. Er brachte uns sogar selbst durch die komplizierten, endlos langen Gänge zur Sozialarbeiterin, die für Norbert einen Antrag auf Rehabilitation stellte. Durch die Bestrahlungen war mein Mann noch geräuschempfindlicher geworden. Ohrenstöpsel waren seine ständigen Begleiter. Er hatte sie immer in den Ohren, sonst hätte er die Geräusche, Stimmen und Töne um sich herum nicht verkraftet.

Im Sommer 1999 brachte ich ihn nach Elzach in die Rehaklinik für neurologische Erkrankungen. Ich hatte große Bedenken, Norbert dort zu lassen und glaubte, dass er bestimmt überfordert würde. Aber als wir die Ärztin kennen lernten, die ihn dort betreute, zerschlugen sich alle meine Bedenken. Ich spürte, dass er in guten Händen war. Darin merkte ich ebenfalls wieder, dass unser Vater im Himmel seine liebevolle Hand über uns hält. Norbert konnte gute Kontakte zu seinen Mitpatienten aufbauen und auch während dieses Aufenthaltes wieder viel von seinem christlichen Glauben weitergeben. In der Kunsttherapie lernte er viel und ich staunte über die Bilder, die Norbert malen konnte. Es war für ihn selber eine große Freude. Diese erste Reha entpuppte sich als eine wertvolle Zeit für meinen Mann. Er wurde belastbarer und sein Ja zur Krankheit wurde tiefer. Jedoch stand nach der Reha fest, dass er nie wieder in seinem Beruf arbeiten können würde. Auch nicht, wie ich erhofft hatte, stundenweise. Deshalb mussten wir die Rente einreichen.

Obwohl er durch die Krankheit stark eingeschränkt war, hörte ich ihn nie jammern. Ich merkte, dass Gott ihm die Kraft gab, von sich wegzuschauen und sich um das Wohl der Mitmenschen zu kümmern. So war er sehr liebevoll und geduldig zu mir und den Kindern. Er überlegte sich ständig, wie er uns eine Freude machen konnte. Er malte viel, schrieb Briefe an Freunde und Leidensgenossen und trug seine Lage in großer Geduld.

Im Januar 2000 musste wieder eine Kernspinkontrolle gemacht werden. Weil auf den Bildern nicht eindeutig zu erkennen war, ob ein neuer Tumor gewachsen war, reisten Norbert und ich mit den Aufnahmen nach Hannover, weil der frühere Arzt von Mannheim inzwischen in Hannover praktizierte. Eine Freundin hatte dafür gesorgt, dass wir bei Glaubensgeschwistern übernachten konnten. Die Fahrt im ICE war für Norbert sehr anstrengend, aber wir spürten, dass viele Gebete uns begleiteten und so konnte er durchhalten. Als wir im Bahnhof einfuhren, sah ich eine Frau die Treppe zum Bahnsteig heraufkommen. Ich wusste: Das musste die Frau sein, bei deren Familie wir übernachten dürfen. Wir stiegen aus und Elenora und ich lagen uns auch schon in den Armen. Mir schoss durch den Kopf: „Ja, so ist es unter Menschen, die Jesus gehören und ihn lieben. Sie finden sich immer und halten zusammen." Wir wurden sehr herzlich bei der Familie aufgenommen.

Am nächsten Tag brachte uns der Schwiegersohn der Familie zum Krankenhaus. Der Arzt besah sich die neuen Bilder auf dem Röntgenbildschirm und war sichtlich erstaunt. Damit habe er nicht gerechnet, ein so gutes Ergebnis zu sehen. Normalerweise habe diese Tumorart nach einem Jahr bereits das ganze Gehirn verwüstet. Weil sich doch alles so gut gemacht hatte, würde er Norbert noch ein zweites Mal operieren.

Sehr deutlich wurde er auch, als er beschrieb, dass diese Art von Tumor so überaus aggressiv sei, dass man auf jeden Fall damit rechnen müsse, dass wieder ein Tumor nachwachsen kann. Inzwischen gäbe es aber auch eine Chemotherapie, die speziell dafür eingesetzt wird. Er sagte uns seine weitere Hilfe mit dem Satz zu: „Die medizinischen Möglichkeiten sind noch nicht erschöpft." Wir waren sehr erleichtert und dankbar. Mit neuem Mut im Herzen fuhren wir wieder nach Hause und es war ein schönes Gefühl, zu wissen, dass viele gute Freunde sich mit uns über diese Nachrichten freuen würden. In Norbert keimte neue Hoffnung auf, vielleicht doch noch einmal nach Rumänien fahren zu können. Die Menschen im hinteren Donaudelta lagen ihm besonders am Herzen. In ihm brannte der Wunsch, die Zeit, die ihm der Herr noch schenkte, zu nutzen und das Evangelium weiterzugeben. Wieder einmal war ich sehr beschämt darüber, dass ich so oft zweifelte und dem Herrn misstraute und ihn anklagte. Ich betete: „Herr, lass doch du bitte durch dies alles meinen Glauben wachsen und tief und fest werden. Lass mich eng mit dir zusammen wachsen. Bitte verändere mein böses, sündiges Herz zu deinem Wohlgefallen." Norbert selbst war mir ein großes Vorbild, wie er alles vertrauensvoll aus Gottes Hand annahm und als Möglichkeit nutzte, Menschen auf Jesus Christus aufmerksam zu machen. Oft spürte er, dass viel für ihn gebetet wurde. Er sagte: „Manchmal bin ich am Verzweifeln und ganz unten. Doch dann merke ich, dass eine Kraft da ist, die mich wieder hochzieht."

Eines Tages merkte Norbert, dass er seine linke Hand nicht mehr so gut gebrauchen konnte. Als noch ein schwerer epileptischer Anfall hinzukam, vereinbarten wir wieder einen Termin für eine erneute Kernspinkontrolle. Und der schlimme Verdacht bestätigte sich am Ostersamstag 2000. Etwa ein Jahr nach der ersten Operation war ein neuer Tumor an der gleichen Stelle gewachsen. Ich fragte Norbert: „Warum hat Gott zugelassen, dass wieder ein Tumor gewachsen ist?" Er antwortete mir: „Er will das Beste für uns. Wir meinen, wenn es uns gut geht, sei dies das Beste. Aber er ist viel weiser als wir und überblickt alles. Es ist wichtig, dass wir ein Ja zu seinem Weg haben, sonst fallen wir in Rebellion gegen ihn und unser Leben endet im Chaos. Ich denke auch an den Arzt in Hannover und habe das Gefühl, es wird Zeit, ihn wiederzutreffen."

Obwohl mein Mann so liebevoll war, so ruhig, ja sogar heiter, stellte dies alles meinen Glauben auf eine harte Probe. Ich betete: „Vater im Himmel, ich weiß nicht, warum das alles so Schlag auf Schlag kommt. Ich weiß nur eines – viele leidgeprüfte Menschen werden einmal bei dir in deiner Herrlichkeit sein. Und alle werden sie bezeugen, dass du es recht gemacht hast und werden deine große Gnade rühmen. Bitte stärke mich in diesem Glauben und bewahre ihn mir."

Eine gute Freundin rief mich an und ermutigte mich mit dem Bibelwort: „Werft euer Vertrauen nicht weg, welches eine große Belohnung hat". Am Ostersonntag gab Norbert in unserer Gemeinde ein kurzes Zeugnis. Er sagte, dass er in dieser schrecklich engen Röhre die Kraft der Gebete spürte. Er empfand die Nähe Gottes so deutlich, dass ihn eine wirkliche Auferstehungsfreude erfasst hatte und er empfand ganz stark die Hilfe Gottes für alle, die ihn anrufen. Er bat uns alle: „Bitte betet für mich, dass ich ein tiefes Ja zu Gottes Weg habe und dass ich die Möglichkeiten nutze, die sich mir durch die Krankheit bieten und dass ich sie nicht vergeude. Bitte betet, dass ich in inniger Gemeinschaft mit dem Herrn sein kann." So mussten wir also kurz darauf wieder die Koffer packen und nach Hannover fahren. Es gab noch einige dramatische Verwicklungen. Aber schließlich konnte uns ein guter Freund im wohlklimatisierten Auto nach Hannover in die Klinik bringen. Später berichtete er über diese Fahrt: „Ich war erstaunt, wie ruhig und heiter wir alle waren. Fast so, als würden wir in den Urlaub fahren. Obwohl Norbert wieder eine riskante Operation bevorstand, war er voller Frieden."

Mein Mann erzählte im Nachhinein darüber: „Abends vor dem Eingriff empfand ich einen so tiefen Frieden in mir und eine solch starke Sehnsucht nach Gottes Herrlichkeit, dass ich gar nicht wusste, ob ich mir wirklich wünschen sollte, aus der Narkose überhaupt wieder aufzuwachen."

Am 28.04.2000 wurde Norbert zum zweiten Mal operiert. Danach war seine linke Hand gelähmt. In der zweiten Nacht nach der Operation durchlebte er auf der Intensivstation eine schlimme Krise. Er drehte fast durch, wollte sich Infusionsschläuche aus den Venen reißen, den Katheter herausziehen und Flaschen an die Wand werfen. Den Ärzten und Intensivpflegern gelang es mit äußerster Geduld, ihn davon abzuhalten und sich stattdessen eine Ampulle Valium verabreichen zu lassen. Später erzählte er mir, dass ein Rasen und Toben durch sein Gehirn gegangen war, das er einfach nicht unter Kontrolle hatte bringen können.

Er war insgesamt 14 Tage in Hannover, die ich ganz bei ihm sein konnte, da mich die Familie vom letzten Mal wieder liebevoll in ihr Haus aufgenommen hatte und unsere Kinder bei den Schwiegereltern gut versorgt wurden. Ich fühlte mich so glücklich und geborgen bei dieser Familie, die wir doch vorher gar nicht gekannt hatten.

Norberts Zimmernachbar Dirk hatte einen schweren Eingriff hinter sich und lag bereits den fünften Monat im Krankenbett. Seine Mutter war jeden Tag bei ihm, gab ihm das Essen, half bei der Pflege und erledigte Besorgungen. Später war das, was ich von ihr lernte, von unschätzbarem Wert für mich.

Norbert wurde körperlich kräftiger, aber die Geräuschempfindlichkeit war geblieben. Auch war er geistig nicht sehr belastbar, obwohl sein Verstand klar arbeitete. Aber er konnte keine längeren Gespräche führen oder sich in einem Raum mit mehreren Menschen aufhalten. Das überforderte seinen Kopf einfach. Trotzdem hatte er einen großen Frieden in sich. Er konnte sich von Herzen freuen über die Freuden anderer und tief Anteil nehmen an ihren Sorgen. Er munterte seine Mitmenschen durch seine humorvolle Art auf und sein Lachen war ansteckend. Wieder beeindruckte mich, wie er seine Krankheit und sein Ergehen aus Gottes Hand annahm, ohne ihn dafür anzuklagen. Als ich ihn mal wieder voller Zweifel und Kleinglauben fragte, warum Gott es zugelassen hat, dass seine Hand gelähmt bleibt, antwortete er nur: „Weil er mich so besser gebrauchen kann."

Auch während dieser Zeit in Hannover nutzte er mit brennendem Eifer jede Gelegenheit, um Zeugnis von seinem mächtigen Herrn und Erlöser Jesus Christus abzulegen. Immer wieder telefonierte ich mit Glaubensgeschwistern, schilderte ihnen die Lage und sie versprachen, weiter für uns zu beten. Das spürten wir auch. Im Garten der Uniklinik blühte es in allen Farben. Die Bäume standen in frischem Grün. Norbert und ich hielten uns viel draußen auf. Immer wieder zog es uns zu der mächtigen Kastanie, die gerade in voller Blüte stand. Einmal saßen wir auf einer Bank, genossen die warmen Sonnenstrahlen sowie unser Zusammensein und lobten dabei unsern Gott mit Liedern, bis es für Norberts Kopf zu anstrengend wurde und wir schließlich aufhören mussten. Aber in unseren Herzen klangen die Lobgesänge weiter, weil wir uns so geborgen fühlten in der Umarmung unseres Schöpfers. Was mir in dieser Zeit sehr wichtig wurde, war das Verlangen nach Gemeinschaft mit Gott und so betete ich um eine tiefe Beziehung mit ihm.

Gleich nach der Entlassung aus der Klinik kam Norbert wieder in die Rehabilitation nach Elzach. Wieder hatte er intensive Gespräche über den Glauben und die Menschen spürten sein völliges Vertrauen zu Gott. Doch Norbert schien insgesamt schwächer geworden zu sein. Die Ärzte redeten offen mit mir. Ich merkte, dass sie mir helfen wollten, mich den Tatsachen zu stellen und mich auf den nahenden Abschied vorbereiten zu können. Ein Arzt sagte auf eine sehr einfühlsame Art zu mir: „Genießen Sie jeden Tag, an dem sie noch zusammen sein können. Es ist sehr ungewöhnlich, dass Ihr Mann mit dieser schweren Krankheit so lange überlebt hat.“ Der Tag der Entlassung kam und als wir uns von allen verabschiedet hatten, meinte Norbert: „Als ich den Ärzten ‚Auf Wiedersehen‘ sagte, merkte ich genau, dass sie nicht damit rechnen, mich wiederzusehen.“

Norbert war wirklich sehr schwach geworden. Die Geräuschempfindlichkeit hatte so stark zugenommen, dass er den Lärmpegel bei uns zuhause oft nicht ertragen konnte. Zum Glück gab es bei seinen Eltern eine kleine Wohnung, in die er sich bei Bedarf zurückziehen durfte. Er war selbst sehr dankbar für diese Möglichkeit, auch wenn es für ihn mit einer großen Anstrengung verbunden war, seine Sachen zusammen zu packen. Als es für ihn irgendwann zu anstrengend wurde, fanden wir eine andere Lösung: Neben unserer Wohnung im Gemeindehaus der Christlichen Gemeinde befindet sich eine kleine Wohnung für Gäste. In diese quartierte sich Norbert ein. So war er in unserer Nähe, aber doch etwas geschützt vor der lauten Betriebsamkeit des Alltags.

Er hatte seine Aktivitäten jetzt ganz auf nachts verlegt. Wenn alle schliefen, wurde er aktiv. Sein Kommentar lautete: „Wenn es ganz still ist, ist es für meinen Kopf am besten.“

Nachts malte er Bilder, die er an Freunde und Verwandte verschenkte und schrieb Briefe. Er hatte immer etwas zu tun und was er tat, tat er mit viel Liebe. Obwohl er oft allein war, deprimierte ihn das nicht. Er machte das Beste daraus. Wenn ich ihn beobachtete, dachte ich manchmal: „Wer liebt und dient, ist nie allein.“ Besuch zu haben, war für ihn sehr anstrengend.

Doch er freute sich über alle, die kamen. Und es waren viele, die ihm zeigen wollten, dass sie an ihn dachten. Mir tat es so gut, zu merken, dass wir mit unserer Not nicht allein gelassen wurden. Und auch für unsere Kinder war es eine ganz wichtige Erfahrung, zu sehen, dass so viele Menschen den Papa lieb haben und zu ihm stehen.

Norbert betete nie um Genesung. Sein Gebetsanliegen war immer nur, dass Gott ihm Kraft gibt und ihn als Arbeiter in seiner Ernte gebraucht. Im Sommer wurden unsere beiden Söhne sehr krank. Ich machte mir große Sorgen und meine Nerven drohten unter der zusätzlichen Belastung zu zerreißen. Deshalb war ich so froh um die unermüdlichen Gebete treuer Glaubensfreunde und bald ging es den Kindern wieder besser.

Kurz danach merkte Norbert, dass die Lähmung in seiner linken Hand und im linken Arm zunahm. Am 20. Juli wurde die nächste Kernspinaufnahme gemacht, welche deutlich das Wachstum eines neuen Tumors zeigte. Die Chemotherapie hatte also nichts gebracht. Der Arzt erklärte, dass es das typische Ausbreitungsgebiet dieser Tumorart sei. Wir hatten alle so gehofft, dass es einen anderen Verlauf nähme, aber jetzt musste man den Tatsachen ins Auge sehen. Norbert blieb sehr ruhig und bezeugte ihm seinen Glauben. „Wissen Sie, ich war früher drogenabhängig und wollte mein Leben wegwerfen. Aber jetzt, wo ich durch Jesus Christus gelernt habe zu leben, muss ich lernen, loszulassen.“ Darauf entgegnete der Arzt: „Ich kenne Sie erst ein halbes Jahr und fühle mich so mit Ihnen verbunden. Ich teile mit Ihnen den Glauben an Gott.

Auch ich glaube, dass es nach dem Tod weitergeht und dass dann alle Leiden und aller Schmerz ein Ende haben." Anschließend bummelten wir beide noch drei Stunden durch das kleine Städtchen, freuten uns an den schön renovierten alten Häusern, den kleinen Vorgärten, aßen Döner und gönnten uns in einem Café Eis und andere Leckereien.

Ich fragte Norbert, wie er die Diagnose vom neuen Tumor aufnähme. Er gab mir zur Antwort: „Eigentlich ist es eher eine gute Nachricht für mich. Denn nun weiß ich, dass ich lernen muss, loszulassen und mich ganz in die Arme des Herrn zu werfen. Ich wünsche mir so sehr, dass ich noch so viele Menschen wie möglich mit dem Evangelium erreichen kann. Gabriele, beten wir darum, dass wir die Kraft haben, uns ganz an den Herrn zu klammern." Abends sollte in der Gemeinde ein Gebetstreffen für die Kinder- und Jugendarbeit stattfinden. Ich wollte aber lieber bei ihm bleiben. Doch er schickte mich mit folgenden Worten hin: „Geh, denn unser Auftrag bleibt bestehen - unabhängig von der Diagnose."

Als ich später zurückkam, lag Norbert nach einem schweren Anfall hilflos am Boden. Seine linke Seite war gelähmt, so dass er nicht aufstehen konnte. Ich legte eine Wolldecke unter ihn und zog ihn darauf quer durch die Wohnung ins Schlafzimmer. Mit letzter Kraft schaffte er es, sich selbst aufs Bett zu legen, weil er mich entlasten wollte. Dabei verstauchte er sich allerdings die Hand. Kurz vor dem Einschlafen sagte er: „Danken wir noch dem Herrn."

In dieser Zeit meinte unser Hausarzt einmal: „Diese innere Stärke, die Norbert auszeichnet, kommt nur durch den Glauben. Wir Ärzte tun für ihn, was wir können. Aber wir entscheiden nicht, wie Norberts Leben weitergeht. Es liegt allein im Willen Gottes."

Im Gespräch mit meinem Vater sagte Norbert eines Tages: „Paul, die Krankheit ist wichtig, damit noch viele Menschen von Gott angesprochen werden.“

Ich hatte damals viele Ängste und Befürchtungen, was meine eigene Zukunft betraf. So sprach ich mit Norbert darüber. Er gab mir Folgendes mit: „Wenn du allein sein wirst, dann schau nach oben. Diene Gott, dann wird er dich auch durchbringen. Schau immer vorwärts. Hänge dir keine Bilder von mir auf, um den Schmerz nicht zu nähren. Du wirst trauern. Aber geh nach vorne, geh ins Leben hinein. Kümmere dich um den Nächsten mit all deiner Kraft.“

Erst jetzt begreife ich die ganze Tragweite dessen, was er mir damit mitgeben wollte und wie wichtig das auch inzwischen für mich ist. Damals betete ich: „Vater im Himmel, bitte hilf mir, Norbert meine ganze Liebe zu schenken und nicht darüber zu grübeln, was aus mir werden soll.“

Kurz nach dem Bekanntwerden des Tumorrezidivs begann Norbert, seine Beerdigung vorzubereiten. Er gab seinem Freund Adi eine Liste mit den Namen und Anschriften aller Personen, die er von seinem Tod in Kenntnis setzen und zur Beerdigung einladen wollte. In dieser Zeit traf mich das Bibelwort: *„Mir aus den Augen Satan. Tritt hinter mich. Ein Ärgernis bist du für mich. Deine Gedanken sind nicht auf Gott, sondern auf Menschen gerichtet.“* Ich betete oft: „Herr, verändere mein Denken, dass sich meine Gedanken nicht um mich und um meine Bedürfnisse drehen, sondern um das Wohl des Nächsten. So wie ich es an Norbert sehe. Bitte schenke du Herr, dass sich sein Vorbild tief in die Kinder und mich einprägt.“

Er gab mir damals einen Kalenderzettel: *„ Was seid ihr so furchtsam? Habt ihr noch keinen Glauben?“* aus dem

Markusevangelium sowie einem Spruch von Oswald Chambers: „Warst du so töricht, dich mit dem Gedanken zu ängstigen, deine Lage sei für Gott zu schwer?"

Im August hatte Norbert Besuch von einem Ehepaar aus der Mennonitengemeinde in Friedrichstal. Wir redeten darüber, wie Gott uns für die Arbeit in seiner Ernte gebrauchen will und ob wir dazu bereit sind. Gerhard fragte Norbert: „Hat eure Gemeinde für dieses Jahr keine Evangelisation geplant?" Norbert sah ihn daraufhin fest an und antwortete: „Doch, meine Beerdigung wird die Evangelisation sein."

Bald darauf wurden unsere beiden Söhne erneut krank. Über Davids Gesicht und Körper breitete sich ein quälender Ausschlag aus. Und das, kurz bevor er ins Sommerlager wollte. Silas holte sich eine schwere Infektion am Unterschenkel, eine sogenannte Wundrose. Als ich darüber murrte, meinte Norbert: „Wir haben uns einfach zu sehr an Gottes Großzügigkeit und Barmherzigkeit gewöhnt. Denn als Sünder, die wir ja alle sind, hätten wir noch viel Schlimmeres als das verdient."

Er nahm sich viel Zeit für unsere kranken Kinder. Er redete mit David, dem Ältesten, ganz offen über das Ergebnis der letzten Kernspinuntersuchung und sagte dabei zu ihm: „Wir wollen den Herrn nicht anklagen, denn er kann durch diese Krankheit, ja sogar den Tod, Menschen ansprechen, damit sie ernsthaft über ihr Leben nachdenken und die Vergebung Gottes suchen und so der Hölle entfliehen können."

Da nachts die beste Zeit für Norberts Kopf war, nutzte er diese, um Menschen das Evangelium weiterzugeben. Wann immer seine Kräfte es zuließen, stellte er sich zu den Jugendlichen, die auf dem Parkplatz vor unserem Haus am Wochenende ihre Trinkgelage abhielten. Er wollte ihnen einfach Freundschaft vermitteln und ihnen die Gute Nachricht nahe bringen. Eines Nachts zog er los und steckte in jeden Briefkasten des Übergangswohnheimes ein evangelistisches Buch in russischer Sprache. Als er es mir morgens voller Freude berichtete, sagte er zur Begründung seiner Nachtaktion: „Weil doch dieses Jahr keine Zeltmission vor dem Wohnheim stattfindet."

Auf einem unserer Spaziergänge fragte ich Norbert um Rat: „Du kennst ja meine Schwächen am besten. An welchen Punkten muss ich besonders aufpassen, wenn ich allein sein werde?" Er überlegte und entgegnete dann: „Pass auf, dass du dich nicht verzettelst. Wenn du merkst, dass unsere Kinder zu kurz kommen, dann zieh dich aus anderen Aufgaben zurück, um für sie da zu sein." Ich bohrte weiter: „Was soll ich tun, um auch so fest im Glauben zu werden wie du?" Er antwortete: „Viel Bibellesen, viel beten, dich um die Verlorenen mühen und dies alles weitermachen, auch wenn du in Not oder Krankheit kommst. Verliere nie den Nächsten aus den Augen und versuche, ihn für den Herrn zu gewinnen."

Als ich mit Norberts Arzt über die neuen Kernspinbilder sprach, sagte er mir, dass man nicht mehr operieren könne, da es durch eine Operation in diesem Teil des Gehirns zu Wesensveränderungen kommen würde. Ich erklärte ihm, dass wir die Zeit genutzt hatten, um uns vorzubereiten. Norbert hatte sich noch Ziele gesteckt, die er mit ganzer Energie verfolgt hat. Daraufhin meinte er: „Alles ist endlich. Da ist es gut, wenn man seine Zeit gut nutzt."

Oft sagte ich Norbert, dass ich ihn bewundere, weil er so tapfer seine Krankheit trägt. Er antwortete dann nur: „Bewundere mich nicht. Ich bin ein Sünder durch und durch und jeden Tag auf die Gnade Gottes angewiesen." Als ich Ende August mit Silas zu einem Jugendzeltlager fuhr, um dort als Betreuerin dabei zu sein, schrieb Norbert mir einen kleinen Brief:

Hallo Schatz!
Ich habe Familie Klein eine Cassette und ein Buch in den Briefkasten gesteckt. Ich merke Woche für Woche, wie es weniger bei mir wird. Wollen wir weiter den guten Kampf kämpfen im Aufblick auf Jesus! Mach dir auf der Freizeit keine Sorgen und unnötige Gedanken. Der Herr ist auch bei mir und lässt mich nicht fallen. Und wenn, dann in seine Arme sicher und geborgen.
Dein Norbert

Als Silas und ich aus Landsberg am Lech wohlbehalten zurückkamen, sagte Norbert zu einem befreundeten Ehepaar, das ihn besuchte: „Ich bin dankbar, dass der Herr mich diesen Weg geführt hat. Viele Erfahrungen mit ihm hätte ich ohne diese Krankheit nicht gemacht."

Ab Mitte September 2000 wurde es bei Norbert dramatisch schlechter. Dies äußerte sich darin, dass eine extreme Verlangsamung eintrat: Norbert brauchte fast eine halbe Stunde, um vom Stuhl aufzustehen. Alles dauerte sehr lange. Es machte mich fast wahnsinnig. Erst als mein Bruder, der Krankenpfleger ist und unter Schädel-Hirn-Verletzten arbeitet, mir erklärte, dass dies zum Krankheitsverlauf dazugehöre, konnte ich ein bisschen besser damit umgehen. Ohne 4-Punkte-Stock konnte Norbert jetzt nicht mehr gehen. Er fiel auch oft hin oder aus dem Bett und ich musste Nachbarn oder Freunde aus der Gemeinde anrufen und sie bitten, uns zu helfen. Die Treppe von unserer Wohnung im Dachgeschoss bis zur Haustür konnte Norbert nur noch mit äußerster Willens- und Kraftanstrengung bewältigen. Obwohl die Lähmungen am ganzen

Körper stark zunahmen und er immer hilfloser und pflegebedürftiger wurde, arbeitete sein Verstand klar und ohne Einschränkungen. Er konnte aber mittlerweile nicht mehr selbst lesen. Aber alles, was ich ihm vorlas, konnte er aufnehmen.

Trotz der vielen Hilfe von Eltern, Schwiegereltern und lieben Freunden, forderte mich diese Zeit nervlich und kräftemäßig aufs Äußerste und bedeutete auch seelisch eine große Anspannung. Zwei Bibelstellen beschäftigten mich in dieser Zeit sehr: *„Alles, was ihr getan habt einem meiner geringsten Brüder, das habt ihr mir getan.“* Also alles, was ich Norbert entgegenbringe, ob Gutes oder Schlechtes, tue ich auch dem Herrn. Und aus dem Hohelied Salomos: *„Stark wie der Tod ist die Liebe.“* Und so bat ich Gott um diese Liebe.

Immer wieder kamen Anrufe, Besuche, Briefe und Karten. Dies war für uns und auch die Kinder eine große Hilfe und Ermutigung. Norbert war froh, dass er noch die Treppe schaffte, damit er wenigstens das Haus verlassen konnte. Wir machten oft Spaziergänge an den Stellen, an denen Norbert seine Kindheit und Jugend verbracht hatte: am Baggersee, am Rheindamm oder an den Altrheinarmen. In dieser Zeit zeigte der Herr mir durch sein Wort, dass ich bald Witwe sein würde. Doch wollte ich es nicht wahr haben. Aber ich merkte, er will mir klarmachen, dass er mein Leben genau kennt und weiß, wie alles weitergeht. Er sicherte mir schon jetzt seine Treue und Fürsorge zu.

Durch die Einnahme von Cortison lagerte sich viel Wasser im Gewebe bei Norbert ein, so dass am Bauch und an den Oberschenkeln sowie den Innenseiten der Oberarme die Haut einriss und aufquoll. Es sah sehr schlimm aus, richtig bläulich-violett verfärbt. Obwohl er so schlecht dran war, dachte er nach wie vor mehr an andere als an sich selbst. Ich merkte es an vielen unscheinbaren Kleinigkeiten. Er war sehr liebevoll zu mir und den Kindern. Auch die Besucher spürten, dass er Anteil nahm an ihrem Ergehen.

Eines Nachts wurde ich durch ein dumpfes Geräusch wach. Ich war mit einem Satz aus dem Bett. Norbert hatte einen schweren Anfall. Er lag auf dem Küchenboden. Der Krampfanfall dauerte ziemlich lange und danach war wieder die ganze linke Seite gelähmt, so dass es gar keinen Sinn hatte, das Aufstehen zu probieren. Wir machten uns aus Decken und Schlafsäcken ein Lager in der Küche und verbrachten so die Nacht. Norbert nahm die ganze Sache mit viel Humor und erstaunlicher Geduld. Ich fragte ihn wieder mal: „Wie kannst du das alles aushalten?“ Er antwortete: „Gott schenkt mir ein Ja zu dieser Krankheit.“

Ich grübelte viel darüber nach, wie lange Norbert das alles noch mitmachen musste und wann einmal die Zeit käme, wo er oder auch wir es einfach nicht mehr aushalten können. In dieser Situation half mir der weise Rat eines Freundes: „Tue ihm einfach Gutes, so viel du kannst.“ Als uns eine Freundin mit Essen versorgte und Norberts stark verschlechterten Zustand sah, sagte sie nachdenklich zu ihm: „Es gibt doch so viele Schrecken für uns Menschen – Krankheit, Tod, Streit, so dass das Leben doch wie eine Qual ist.“ Ich staunte über die Antwort, die Norbert ihr gab: *„In dem allem überwinden wir weit durch den, der uns so geliebt hat. - Römer 8,37“*

Eines Morgens während der Hausarbeit dachte ich bei mir: „Bestimmt wird der Herr uns heute auch wieder eine Ermutigung und einen Trost schicken.“ Kurz darauf klingelte das Telefon. Es war mein Bruder, der fragte, ob er nächste Woche bei uns sein könne, um bei der Pflege von Norbert zu helfen, da er Urlaub habe. So kam Peter zu uns und war mir auch wirklich eine große Hilfe.

Am 7. Oktober 2000 wurde in Wiesloch die letzte Kernspinaufnahme gemacht. Sie zeigte einen verheerenden Befund. Wie gut taten uns in diesem Moment die Worte des Arztes, der uns noch einmal sagte: „Ich teile mit Ihnen die Hoffnung auf die Auferstehung." Norbert saß zu dieser Zeit bereits im Rollstuhl. Ich fragte ihn, ob ihn diese Nachricht sehr niederschmettere, worauf er antwortete: „Eigentlich nicht." Ich schob ihn mit dem Rollstuhl durch die engen Gässchen über Kopfsteinpflaster zum Dönerimbiss. Fast wäre er noch aus dem Rollstuhl gefallen, weil ich nicht richtig aufgepasst hatte und ein Kopfstein hervorstand. Trotz einer dumpfen Ahnung und einem tiefen Abschiedsschmerz, die sich unser bemächtigten, fühlten wir uns doch eingehüllt in Gottes Frieden und in seiner Hand geborgen. Wir genossen das Essen. An Norberts Blicken merkte ich seine tiefe Liebe und sein Vertrauen zu mir und ich wollte ihm das Gleiche auch schenken.

Auf einem schönen Rundweg, auf dem ich den Rollstuhl gut schieben konnte, beteten wir zusammen. Wieder entfaltete der Herbst seine Schönheit. Doch trotz all der Pracht, die sich unseren Augen darbot, saß eine große Traurigkeit in meiner Brust, weil ich wusste, dass auch für Norbert der Herbst seines Lebens angebrochen war. Er wusste es auch, doch ging er seinem Ziel mit großem Mut und brennender Zuversicht entgegen.

Einmal wollte ich von ihm wissen: „Was denkst du, warum der Herr gerade einen Kämpfer wie dich in so jungen Jahren wegnimmt?" Er antwortete mit einem Ausspruch des Grafen Zinzendorf: „Zehn schienen verloren. Das ist die Saat der Mohren." Dies war auch der Leitspruch der ersten Herrnhuter Missionare, die zu Hunderten durch Schiffbruch oder Krankheiten umkamen, als sie den „Mohren" (Negersklaven in Amerika) das Evangelium bringen wollten.

Immer wieder kamen Situationen, in denen Stress, Erschöpfung, Verzweiflung oder Wut mich fast durchdrehen ließen, denn Norbert brauchte rund um die Uhr Hilfe. Trotzdem konnten wir ein paar Tage in einem christlichen Gästehaus im Nordschwarzwald verbringen. Doch dort bekam ich einen regelrechten Nervenzusammenbruch. Ich konnte nicht mehr aufhören zu heulen und schrie: „Ich kann nicht mehr und ich will auch nicht mehr.“ Norbert ließ alles geduldig über sich ergehen, obwohl es ihm im Innersten sicher sehr wehtat. Er sagte zu mir: „Das erste, was wir in unserer Krankenpflegeausbildung gelernt haben, war, dass wir es nie persönlich nehmen sollen, wenn aus einem Kranken die Verzweiflung herausbricht. Und auch der Kranke darf es nicht persönlich nehmen, wenn der Pflegende einmal ausrastet.“ Schließlich konnte ich mich doch beruhigen, als mein Blick aus dem Fenster auf zwei große Tannen fiel, die so dicht zusammenstanden, dass es aussah, als wenn sie miteinander verwachsen wären. Ich betrachtete sie lange und betete: „Herr, schenke, dass ich durch all dies so mit dir zusammenwachse.“

Eines Mittags erlebten wir eine große Bewahrung. Norbert saß im Rollstuhl und ich stellte ihn im rechten Winkel zum Gehsteig vor das Haus. Mit dem Auto wollte ich dann direkt an den Gehsteig heranfahren, um ihm das Einsteigen zu ermöglichen. So fuhr ich mit dem Auto zuerst ein Stück vor und wollte dann rückwärts zu Norbert hinfahren um ihn einzuladen. Plötzlich sah ich im Rückspiegel, wie Norbert mit völlig entspanntem Gesicht im Rollstuhl die steile Straße hinunterrollte und immer schneller wurde. Mitten auf der Straße zog ich die Handbremse, sprang aus dem Auto und schrie so laut ich konnte: „Norbert! Hilfe!“ und rannte hinter dem rasenden Gefährt her. Ca. einen halben Zentimeter vor der hohen Bordsteinkante brachte ich ihn zum Stehen. Einer Frau, die im Garten gearbeitet und beobachtet hatte, wie sich die Bremse des Rollstuhls gelöst hatte, war fast das Herz stehen geblieben. Und auch ich zitterte am ganzen Körper. Norbert sagte, erst als er mich so verzweifelt rufen hörte, hatte er begriffen, in welcher Gefahr er sich befunden hatte. Später erzählte uns eine Frau, dass sie vom Fenster aus alles gesehen hatte und nur noch zu Jesus schrie: „Herr, hilf!“

Auf der nächtlichen Heimfahrt gab es einen weiteren Zwischenfall. Ich musste dringend austreten und hatte keine Chance mehr, außer auf den nächsten Rastplatz zu fahren. Unglücklicherweise war dieser völlig unbeleuchtet. Ich setzte mich neben das Auto. Da es so finster war, stieg Angst in mir hoch. Ich dachte: „Wer soll mich in dieser bösen Welt beschützen, wenn Norbert nicht mehr da ist?“ Da bemerkte ich den unermesslichen Sternenhimmel über mir und das Bibelwort kam mir in den Sinn: *„In der Welt habt ihr Angst, aber seid getrost, ich habe die Welt überwunden.“* Im selben Moment machte Norbert im Auto das Licht an und gleichzeitig hörte ich es hinter mir knakken. Sofort drehte ich mich um und erblickte einen Mann hinter mir, der sich gerade zur Flucht wandte. Offensichtlich hatte er nicht damit gerechnet, dass noch jemand im Auto saß. Ich stieß einen Schrei aus, sprang mit einem Riesensatz neben Norbert auf den Fahrersitz und startete durch. Noch zitternd erzählte ich es Norbert und wollte dann von ihm wissen, warum er gerade in dem Moment das Licht angemacht hatte. „Ich dachte mir, dass meine Frau bestimmt Angst hat so allein da draußen im Dunkeln.“ Ich machte ihm daraufhin klar: „Norbert, so schwach und hilflos wie du bist, hast du mich eben aus einer großen Gefahr gerettet. Ich danke dir.“ Ein tiefes Gefühl der Zusammengehörigkeit überwältigte mich und ich war so glücklich über Norberts Hilfe.

Am nächsten Tag wollte ich ihn wieder aus dem Bett holen und in den Rollstuhl setzen. Aber es war fast unmöglich. Mit letzter Kraft schaffte ich es schließlich. Als ich ihn im Wohnzimmer vor das Fenster schob, damit er die Aussicht auf den bunten Wald genießen konnte, schlief er, den Kopf an meine Schulter gelehnt, ein. Draußen rauschte der Wind durch die in allen Herbstfarben leuchtenden Bäume. Während eine CD mit sehr tiefen Texten und schönen Melodien lief, konnte ich fast nicht mehr aufhören zu weinen, weil ich spürte, dass der Abschied nahe bevorstand.

Norbert war inzwischen zu schwach, um überhaupt den Kopf noch anzuheben. Doch ging ein großer Friede von ihm aus. Ich schaffte es mit knapper Not, ihn wieder ins Bett zu bringen und das auch nur, weil Norberts Vater genau im richtigen Moment kam und verhindern konnte, dass er aus dem Rollstuhl kippte. Wir mussten noch einen jungen Mann aus der Nachbarschaft zu Hilfe holen und zu dritt gelang es uns, Norbert wieder hinzulegen.

Nachdem ich es am nächsten Tag noch einmal erfolglos versuchte, ihn aufstehen zu lassen, musste ich mich geschlagen geben und mir eingestehen, dass Norbert bettlägerig geworden war. Obwohl ich gewusst hatte, dass dieser Tag früher oder später kommen würde, tat es sehr weh. Ich staunte über unsere Kinder. Sie gingen ganz unbefangen mit der Situation um und halfen mit, den Vater zu pflegen, wo sie nur konnten. Die Liebe und Ernsthaftigkeit, mit der sie sich um ihn mühten, tat Norbert sehr gut. Seit er nur noch im Bett liegen konnte, schliefen wir alle vier im Ehebett.

Wieder einmal ging es unseren beiden Jungen gesundheitlich nicht gut und auch mir nicht so besonders. In dieser Zeit besuchte uns eine Freundin. Die Kinder lagen schon ganz eng an Norbert gekuschelt im Bett. Beim Anblick dieser Szene sagte sie: „Jetzt seid ihr zwar alle ziemlich angeschlagen, aber ihr könnt alle zusammen sein. Obwohl es euch wirklich nicht gut geht, herrscht doch eine sehr schöne Atmosphäre bei euch.“ Ich spürte an mir selbst gar nicht mehr viel, außer nur noch Erschöpfung und das Gefühl, kurz vor dem Zusammenbrechen zu stehen. Immer wieder betete ich: „Bitte Herr, hilf mir, dass ich den Kindern ein Vorbild sein darf, Norbert in Liebe und Geduld zu pflegen.“ Mit Schmerzen denke ich heute an die Momente, in denen mir die Nerven durchgingen und ich ihn anschrie.

Nach zwei Wochen Bettlägerigkeit fiel Norbert in eine tiefe Bewusstlosigkeit. Wir dachten, dass dies das Ende sei. Aber drei Tage später schlug er die Augen wieder auf, konnte jedoch nicht mehr sprechen und war völlig gelähmt. Aber der Verstand war nach wie vor ganz klar. Wir verständigten uns mit Blicken. In dieser Zeit kam Norberts Freund Harald aus Rumänien zurück. Er war sichtlich erschüttert, Norbert so zu sehen. Er berichtete ihm alles, was der Herr in Rumänien tut und dass sich die Missionsarbeit mit zuverlässigen Männern auf das Donaudelta ausgeweitet hat. Es war offensichtlich, dass Norbert alles aufnahm und sich über diese Nachrichten freute. Harald sagte zu ihm: „Bevor ich nach Rumänien fuhr, sagtest du mir eindringlich, dass ich den guten Kampf des Glaubens kämpfen soll. Dies war das Letzte, das du mir mitgeben konntest. Norbert, jetzt kannst du nicht mehr sprechen, aber glaube mir, diese Worte sind in mein Gedächtnis eingebrannt und werden mein Handeln bestimmen, solange ich lebe.“

Für mich war es schwer, mit Norbert nicht mehr sprechen zu können. Doch wollte ich dankbar dafür sein, dass ich merkte, dass er alles verstand und mit den Augen antworten konnte. Eines Tages sagte ich zu ihm: „Norbert, ich bewundere dich, weil du so stark bist wie ein Löwe und alles so ertragen kannst." Da drehte er die Augen ganz weit nach oben und ich verstand, was er damit ausdrükken wollte: „Nur von oben kommt jetzt meine ganze Kraft."

In der letzten Woche von Norberts Erdenleben kamen ganz spontan viele seiner engen Freunde zu Besuch. Ich spürte, dass es sehr bedeutsam war, was sie angesichts der Ewigkeit zu sagen hatten. So meinte ein Bruder, der selber Krebs hat und auch viel durchmachen muss: „In der Tiefe verspüre ich die Gegenwart Jesu als beglückend. Er hilft uns, wenn wir ihn in der Not anrufen. Er kann in der Zeit der Not etwas ganz Neues in uns wachsen lassen. Man ist getragen, aber es gibt auch Stunden, in denen man ganz allein und einsam ist. Dort kommt auch der Teufel, der Feind der Seele. Dann spürt man aber doch wieder die Gebete der Glaubensgeschwister wie einen Schutzwall."

Norbert schlief viel. Sein Gesicht wirkte entspannt und voller Zuversicht. Mittwoch nachts merkte ich, wie Norberts Atem immer flacher wurde, dann aber wieder kräftiger. Am Donnerstag lasen wir in Davids Bibel einen Vers aus Psalm 37: *„Gott spricht: Ich werde für eure Zukunft sorgen."* Am Freitagmorgen, bevor die Kinder in den Kindergarten und zur Schule gingen, las ich ihnen aus dem Kinderkalender vor. Für Freitag, den 1. Dezember stand da der Vers: *„Ich habe den Lauf vollendet. Ich habe den Glauben bewahrt."* Dies hatte der Apostel Paulus kurz vor seinem Tod an seinen Nachfolger Timotheus geschrieben. Nachdem Norberts Vater gekommen war, um bei seinem Sohn zu sein, ging ich aus dem Haus. Ich half für zwei Stunden in einer Krankengymnastikpraxis aus. Gegen 11 Uhr rief mich mein Chef an, der gerade bei Norbert zur Krankengymnastik war, ob ich nicht kommen könnte. Ich fuhr nach Hause, schaute in den Briefkasten und dachte: „Wenn Norbert Post hat, kann ich sie ihm noch vorlesen." Innerlich war ich ganz ruhig. Aber als ich zu Norbert ins Zimmer kam, erschrak ich über den Anblick, der sich mir bot. Norberts rechte Gesichtsseite und der Hals waren ganz blau. Die Augen lagen tief in den Höhlen. Große blauschwarze Ringe umrandeten die Augenhöhlen. Ich wusste, dass es ganz wichtig war, ruhig zu bleiben und Norbert für diesen letzten Weg Beistand zu geben. Ich bat Gott darum, dass ich es konnte. Leise sagte ich zu meinem Mann: „Norbert, ich bin da, deine Gabriele. Aber was noch wichtiger ist: Ein noch viel, viel Stärkerer ist bei dir und der wird dich sicher hinübertragen." Norbert atmete sehr flach. Und je flacher die Atmung wurde, desto mehr lächelte er. Dieses Lächeln blieb auf seinem Gesicht bis zum letzten Atemzug.

Zwei Bibelworte kamen mir in den Sinn: *„Du guter und treuer Knecht. Du bist über wenigem treu gewesen. Ich will dich über Vieles setzen."* Der andere lautete: *„Stark wie der Tod ist die Liebe."* (Hohelied Salomo) Als ich spürte, dass Norbert seinen Lauf vollendet hatte, betete ich innig zu Gott, bat ihn im Angesicht der Ewigkeit für die Anliegen, die Norbert und mir immer wichtig gewesen waren. Ich wunderte mich selbst, welch ein Meer von Ruhe und Trost in mir waren.

Ich ging zum Schrank und legte schwarze Trauerkleider an und betete weiter: „Herr, danke für das Vorbild, das du uns durch Norbert geschenkt hast. Lass uns von ihm lernen und von seiner Art geprägt werden, so wie du dein Wesen in ihn geprägt hast."

Norberts Beerdigung war für alle tief beeindruckend. Als der Sarg in die Erde gesenkt wurde, entbrannte am Abendhimmel ein Flammenmeer. So als würde ein Glanz aus Gottes Herrlichkeit auf die etwa 400 Menschen fallen, die zur Beerdigung gekommen waren.

Die Beerdigungspredigt ist als Abschluss dieses Buches abgedruckt.

Norbert hatte mit seinen Freunden ausgemacht, dass im Anschluss an seine Beerdigung im Gemeindehaus eine Lob- und Dankfeier stattfinden soll. „Aber“, so sagte er, „kommt mir ja nicht auf die Idee, mich zu bauchpinseln. Es soll einzig um die Ehre Gottes gehen.“

Dies ist auch der Grund, warum ich diesen Bericht schreibe, nämlich um zu zeigen, dass Gott ein lebendiger Gott ist, der den Sünder sucht, der stark genug ist, ihn aus der Verlorenheit in seine Liebe zu ziehen. Er bewahrt die, die zu ihm gehören nicht vor Leid, aber im Leid ist er bei ihnen und lässt sie einen starken Halt finden, wenn sie ins Grauen stürzen.

Norbert, ich, David und Silas haben es so erlebt.

Danken möchte ich an dieser Stelle allen, die ihn begleitet haben, mit uns lachten und weinten und mit an unserem Schmerz trugen. Ich konnte gar nicht alle namentlich erwähnen. Aber was sie getan haben, wird mir für immer im Gedächtnis bleiben. Rückblickend möchte ich noch sagen, dass uns Norberts Krankheit wie ein Schlag ohne Vorankündigung traf. Oder doch nicht? Ich erinnere mich an einen Abend, kurz bevor bei Norbert die Krankheit entdeckt wurde. Norbert kam spät von der Arbeit nach Hause und sagte zu mir: „Heute habe ich den ganzen Tag gedacht, dass jeder Mensch doch nur eine Handbreit neben der Ewigkeit lebt.“

Dies ist auch das Ziel meines Berichts und dies war auch das Ziel von Norberts Leben: wachzurütteln! Denn keiner von uns weiß, egal ob er mit Gott lebt oder ihm fern ist, wann für ihn die Stunde kommt, da er in die Ewigkeit eintreten wird, um seinem Schöpfer zu begegnen.

In Norbert brannte während seiner ganzen Leidenszeit eine Hoffnung: Diese Krankheit solle dazu dienen, dass Menschen ins Nachdenken kommen und ihr Leben aus dem Blickwinkel des ewigen Gottes betrachten.

Diese Hoffnung teile ich auch jetzt noch mit ihm.

Gabriele Rösinger,
Frühjahr 2001

Viel mit Norbert unterwegs...

Norbert hat mein Glaubensleben wie kein anderer Mensch geprägt. An seinem Leben sah ich erstmals, wie ein Christ mit seinem Leben antwortet, der verstanden hat, was Jesus am Kreuz von Golgatha für uns getan hat. Norbert verdeutlichte mir, wie schön es ist, jeden Tag in der Bibel zu lesen und das Gelesene auch im Alltag umzusetzen.

Mission und die Liebe zu den Mitmenschen standen bei ihm an erster Stelle. Wöchentlich waren wir mit Büchertisch und Gitarre unterwegs, wobei wir des Öfteren verspottet wurden. Ich erinnere mich, wie Norbert zu mir sagte : „Kommst du mit, wir lassen uns mal wieder verachten." Hätten wir über Gott und die Welt geredet, so hätte niemand etwas dagegen gehabt, aber seit 2000 Jahren hat sich nichts geändert: Bekennt man sich zu Jesus als dem alleinigen Retter, dann erntet man oft Spott und Verachtung.

Im Oktober 1998 reiste ich zum ersten Mal mit ihm durch Rumänien. Es war eine lange, anstrengende Reise. Ich sah, wie ihm Straßenkinder aus Wiedersehensfreude um den Hals fielen und er zeigte mir, wie die Menschen dort leben: ihre Armut, ihre Gastfreundschaft und wie wunderbar Gott in diesem Land Türen für das Evangelium öffnet. „Es geht in erster Linie um das Evangelium", äußerte er immer wieder, „weil dies unser größter Auftrag ist, denn humanitäre Hilfe hilft den Menschen nur von heute auf morgen". Auf dieser Reise hörten wir, dass im Donau-Delta viele Menschen noch nicht einmal wissen, dass es überhaupt eine Bibel gibt. Und so beschlossen wir, im folgenden Jahr zusammen mit Michael Melchior, unserem Missionar, ins Delta zu fahren.

Ich erinnere mich, dass wir dann an Silvester 1998/99 singend und betend ins neue Jahr gingen. Am 1. Januar 1999 brach Norbert bei seiner Arbeit als Krankenpfleger zusammen. In all der Zeit danach und auch, wenn ich ihn besuchte, fragte ich mich immer wieder, wer hier eigentlich der Patient war: Er oder ich. Er hatte immer nur ein Ziel: Dass in allem sein Herr und Meister Jesus Christus verherrlicht wird, auch in seiner Krankheit. Und immer, wenn es ihm etwas besser ging, zogen wir mit dem Büchertisch los und versuchten, Menschen für Jesus zu gewinnen.

Bevor ich im Oktober 2000 wieder einmal nach Rumänien fuhr, sagte er mir zum Abschied: „Kämpfe den guten Kampf des Glaubens." Es war das Letzte, das er zu mir sagen konnte. Als wir nämlich zurückkehrten und ich ihm berichtete, dass wir über Winter im Delta ein Holzboot bauen lassen, um damit Gottes Wort in alle Dörfer und Hütten tragen zu können, konnte Norbert nicht mehr reden. Aber seine Augen zeigten mir, dass er alles verstanden hatte.

Ich werde Norbert wiedersehen, weil ich meine Schuld, genau wie er, in einer bewussten Lebensentscheidung ans Kreuz Jesu gebracht habe. Hier am Kreuz sind wir geborgen, denn hier ist Jesus für uns gestorben und dadurch können wir einen Frieden erleben, den die Welt nicht kennt.

In einem Brief schrieb Norbert gegen Ende seiner Krankheitszeit: „Hätte der Herr selbst mich vor zwei Jahren gefragt: Norbert, hier sind 100 Personen, die auf einen Boten des Evangeliums warten, der sie zum Leben ruft. Wärst du bereit, zu gehen? Du musst dafür allerdings schwer krebskrank werden und am Ende daran sterben. Bis dahin wirst du dreimal den Schädel aufgemacht bekommen und davon werden zwei große Operationen sein mit all ihren Folgen: radioaktive Bestrahlungen und Chemotherapie; auch zweimal Rehazentrum, viele epileptische Krämpfe, Lähmungen auf der linken Seite, auch die Finger werden gelähmt, du wirst nie mehr Gitarre spielen und auch nicht mehr singen können. Überleg dir´s gründlich und dann gib mir Bescheid. Du weißt ja: Viele müssen gerufen werden, nur wenige kehren leider um; aber rufen müssen wir sie alle und ich werde ja bei dir sein; also Norbert, bist du bereit, dein sicheres, gesundes Leben hinzugeben, um meinen Auftrag auszuführen und dafür sogar dein Leben zu lassen? Am Ende wirst du ja bei mir in der Herrlichkeit ankommen; stell dir nur vor, was ich auch für dich bereitet habe. Gibt es etwas Größeres?!...

Ganz ähnlich hätte solch ein Gespräch mit meinem Herrn sein können. Wie hätte ich mich wohl entschieden? Schwer zu sagen. Was Schmerzen angeht, kann mich schon der Gedanke an einen Zahnarzt in Schrecken versetzen – und dann gleich krebskrank werden... Ich nehme an, dass ich freiwillig nicht dazu bereit gewesen wäre.

Und so kam alles anders. Schritt für Schritt durfte ich hineinreifen, ein „Ja“ finden für Gottes klar ersichtlichen Auftrag. Herrschte zu Beginn große Verzweiflung und ein dickes „Warum“, ist diese tiefer Geborgenheit und einem klaren „Wozu“ gewichen.

Mein größter Wunsch ist, dass doch einige zu einer richtigen Bekehrung durchdringen. Dazu ist, so habe ich den Eindruck, für manchen das Erleben der Beerdigung noch nötig, um abschließend vor diese klare Entscheidung gestellt zu werden...“

Harald Maisch

Frühjahr 2001

Predigt bei der Beerdigung von Norbert

Im 1. Korintherbrief schreibt der Apostel Paulus: *„Was kein Auge gesehen und kein Ohr gehört hat und in keines Menschen Herz gekommen ist, was Gott denen bereitet hat, die ihn lieben.“*

Dies war einer der Lieblingsverse Norberts in letzter Zeit. Ich kenne Norbert schon viele Jahre lang und auch mich traf die plötzliche Diagnose vor fast zwei Jahren wie ein Hammerschlag – Hirntumor!

Gleich im Januar 1999 hatte ich ihn in der Städtischen Klinik Karlsruhe besucht. Er erzählte mir, dass ihm die Ärzte nur noch wenige Monate zu leben gaben. Dann bat er mich damals schon, ich solle doch als sein Freund an seiner Beerdigung die Predigt halten, worauf ich antwortete: „Dazu bin ich absolut nicht fähig. Ich müsste nur fortwährend heulen und bekäme kein Wort heraus...“

Ob ich inzwischen fähig bin, weiß ich nicht. Doch möchte ich versuchen, dem Wunsch Norberts entsprechend und in seinem Sinne einige grundlegende Gedanken weiterzugeben und zwar zum Gleichnis aus dem Matthäusevangelium, Kapitel 22:

„Das Himmelreich ist einem menschlichen König gleich, der seinem Sohne Hochzeit machte. Und er sandte seine Knechte aus, um die Geladenen zur Hochzeit zu rufen. Aber sie wollten nicht kommen...“

Hier kürze ich den Text etwas ab. Jeder hatte seine Entschuldigung. Sie brachten die Ausgesandten sogar um und schließlich heißt es weiter ab Vers 8:

„Dann sprach der König zu seinen Knechten: Die Hochzeit ist zwar bereit, aber die Geladenen waren nicht würdig. Darum geht hin an die Kreuzungen der Straßen und ladet zur Hochzeit so viele ihr findet. Und die Knechte gingen hinaus auf die Straßen und brachten alle zusammen, die sie fanden – Böse und Gute. Und der Hochzeitssaal war voll von Gästen. Als aber der König hineinging, die Gäste zu besehen, sah er daselbst einen Menschen, der kein hochzeitliches Kleid anhatte und er sprach zu ihm: Freund, wie bist du hereingekommen und hast doch kein hochzeitliches Kleid an? Er aber verstummte. Da sprach der König zu den Dienern: Bindet ihm Hände und Füße und werfet ihn hinaus in die äußerste Finsternis!“

Es ist ein Gleichnis über das himmlische Fest, das Gott seinen Erlösten zubereitet. Das Fest, an dem Norbert jetzt bereits teilnehmen darf!

In diesem Gleichnis heißt es, dass viele zwar eingeladen, aber unwürdig waren. Warum unwürdig? Nicht weil sie menschlich zu schlecht gewesen wären, sondern wegen ihrer inneren Haltung: „Ich brauche das nicht! Ich habe anderes zu tun.“

Deshalb legte dieser König fest, dass nun alle Leute eingeladen sind. So kamen nun von allen Ecken und Enden solche, die sich einladen ließen – „Gute und Böse“, wie es hier in unserem Text heißt.

Liebe Trauergäste, Gott existiert - ob wir es glauben oder nicht. Ob wir es für wahr halten oder nicht - das rüttelt nicht an seiner Existenz. Auch heute noch geht der Ruf Gottes an jeden Menschen. Er möchte mit jedem eine Liebesbeziehung haben.

Bald ist Weihnachten. Bei diesem Fest denken wir daran, dass Gott Mensch wurde. Vielleicht ist heute an diesem Ort gerade einmal der richtige Zeitpunkt, der richtige Augenblick, uns zu überlegen, warum denn Weihnachten überhaupt notwendig ist. Sicher hat Gott kein sentimentales Fest erfunden, damit wir gerührt vor einem Christbaum stehen können. Warum musste Gott in Jesus Christus überhaupt Mensch werden? Warum wollte Gott überhaupt Mensch werden?

Der Grund geht jeden von uns an: Der Grund ist nämlich unsere Sünde, unsere Schuld. Mit anderen Worten sagt die Bibel: Jeder von uns hat „Dreck am Stecken“ - gestatten Sie mir bitte diese Ausdrucksweise. Jeder von uns weiß, dass er einem heiligen Gott gegenüber schuldig ist, dass er nicht so gelebt hat, wie er hätte leben müssen. Der Knackpunkt ist: Akzeptieren wir die Maßstäbe Gottes?

Ich weiß, es gibt Menschen, die sich selbst einen „Gott“ basteln. Kürzlich sagte mir jemand: „Ach, ich stelle mir Gott vor als alten Mann mit langem Bart. Er lächelt über unsere Unzulänglichkeiten und vergibt uns schon...“ Da kann man nur noch sagen: Hinweg mit diesem Gott! Das hat nichts mit dem lebendigen Gott zu tun. Hinweg mit diesem Gott, das ist ein Götze, ein menschliches Gottesbild. Gott, wie er sich offenbart, ist ein heiliger Gott. Und dieser heilige Gott sagt: „Meine Maßstäbe offenbare ich euch in meinem Wort.“

Viele kennen den Anfang der Zehn Gebote: *„Du sollst Gott, deinen Herrn, lieben von ganzem Herzen, mit all deinen Kräften...“* Ich muss Ihnen gestehen, dass ich täglich an diesem Gebot schuldig werde. Ich könnte Gott jeden Tag mehr lieben. Wer möchte da unter uns noch sagen, er sei sündlos, er sei schuldlos? Gott sagt, dass jegliche Egozentrik, jeder Neid, jede Eifersucht, jede Lieblosigkeit Schuld in unserem Leben ist. Diese Schuld trennt uns von der Liebesgemeinschaft mit Gott. Es ist letztlich egal, ob ich im Rhein ertrinke oder in einer Badewanne. Schuld ist Schuld. Ich kann ein noch so vorbildliches Leben führen, die heilige Schrift macht deutlich: Wenn ich auch nur in einer Sache schuldig geworden bin, dann kann ein heiliger Gott mit mir keine Gemeinschaft mehr haben.

Das gilt ja auch in der menschlichen Gerichtsbarkeit: Da kann jemand noch so vorbildlich gelebt haben. Wenn er in einem angetrunkenen Zustand Auto fährt und einen Unfall verursacht, dann wird er nur wegen dieser einen Tat verurteilt. Kein Richter wird danach fragen, ob er 30 Jahre lang vorbildlich Auto gefahren ist. Wegen dieser einen Tat muss er verurteilt werden. Ein heiliger Gott muss uns verurteilen, auch wenn es sich nur um eine Sünde handelt.

Hier kommen wir dem Geheimnis der Erlösung, dem Geheimnis von Jesus Christus näher. Dieser Jesus ist nicht im Stall geblieben. Er wuchs heran und wir wissen um seinen Kampf im Garten Gethsemane. Dort sagte der himmlische Vater zu ihm: „Die Schuld der ganzen Welt sollst du jetzt aufgepackt bekommen. Du sollst dich mit der Sünde der Menschen identifizieren, sollst dafür bezahlen.“ Was das für einen Schuldlosen bedeutet, können wir nicht ermessen. Für den heiligen Jesus Christus war dies jedoch derart schrecklich, dass er – wie uns die Heilige Schrift berichtet - gezittert und gezagt hat und sein Schweiß wie Blut wurde.

Vor 2000 Jahren sah Jesus Christus also bereits Ihre und meine Schuld. Jesus war kein Sozialrevolutionär, nicht einfach ein frommer Jude. Er war Gottes Sohn, er konnte deshalb auch in die Zukunft blicken und Ihr Leben und mein Leben sehen – mit aller Schuld, mit allem Schmutz. Daraufhin entschloss Jesus sich, obwohl es schrecklich für ihn war: *„Vater, lass diesen Kelch an mir vorübergehen. Aber nicht wie ich will, sondern wie du willst...“* Mit anderen Worten: Wenn es eine Möglichkeit gibt, um die Menschheit zu erlösen, dann zeig den Weg... aber es gab und es gibt keinen anderen Weg!

Anschließend ging Jesus hinauf nach Golgatha, wo er sich ans Kreuz nageln ließ. Ein bestätigtes historisches Ereignis! Aber es ist gut, wenn wir auch einmal darüber nachdenken. Was bedeutet Golgatha überhaupt für mich, für mein persönliches Leben?

Da ist Jesus Christus, der Gottessohn. Für alles, was wir Schlechtes gedacht haben in unserem Leben, lässt er sich eine Dornenkrone aufs Haupt pressen. Für alles, was wir mit unseren Händen schon unterschrieben und getan haben, lässt er sich Nägel durchschlagen. Überall, wohin unsere Füße schon gegangen sind und besser nicht hätten hingehen sollen, lässt er sich mit Nägeln durchbohren. Und für jede egoistische oder lieblose Herzenseinstellung wird seine Seite durchbohrt... Sein Ruf: *„Mein Gott, mein Gott, warum hast du mich verlassen!“* war der Schrei in jenem Augenblick, als Ihre und meine Schuld auf ihn gepackt wurde. Zu diesem Zeitpunkt erlebte Jesus was „Hölle“, was „Gottesferne“ heißt.

Wir müssen hier von der märchenhaften Vorstellung über einen Teufel mit Mistgabel, Hörnern oder Ähnlichem Abstand nehmen. Satan ist eine Realität in der heiligen Schrift.

Damals hat Jesus für uns Gottesferne erlebt, damit wir diese selbst nicht mehr erleben müssen. Unsere Verurteilung, unsere Strafe hat er dort bezahlt. *„Mein Gott, warum hast du mich verlassen?!“* - das ist erlebte Gottesferne. Das ist Hölle. Aber die Auferstehung ist die Bestätigung dafür, dass sein Opfer vollkommen war, dass es genügte. Der Gerechtigkeit Gottes ist Genüge getan! Einer hat die Strafe bezahlt, damit ich sie nicht mehr bezahlen muss. Jesus sprach: „Es ist vollbracht!“ Die Auferstehung ist das Siegel dafür: Tatsächlich! Es ist vollbracht! Was Jesus getan hat, das genügt.

Sehen Sie, diese Einladung, das stellvertretende Opfer Jesu persönlich in Anspruch zu nehmen, ist daher vergleichbar mit der Einladung in unserem Gleichnis, ein hochzeitliches Gewand anzunehmen. Es war zur damaligen Zeit in Judäa Sitte, bei einem Hochzeitsfest, das von drei Tagen bis zu einer Woche dauern konnte, keine sozialen Unterschiede zwischen den Gästen mehr zu haben. Deshalb bekam jeder Gast ein hochzeitliches, weißes Gewand. So konnte man nicht mehr sehen, ob einer in Lumpen gekleidet war oder ein prächtiges Kleid trug. Es waren alle gleich, und nun konnte man Hochzeit feiern. Ein wunderbares Bild!

In unserem Gleichnis heißt es nicht, dass jeder eine Eintrittskarte zu dieser Hochzeit bekam, sondern dass jedem ein reines Kleid, ein reines Hochzeitsgewand angeboten wurde. Und das musste man sich überziehen, dem musste man sich ausliefern.

Vorhin hörten wir bereits den Vers aus dem Johannesevangelium (3,16): *„...dass jeder, der an Jesus Christus glaubt, nicht verloren geht, sondern Ewiges Leben hat...“* Auch hier müssen wir vielleicht zuerst mit einem Missverständnis aufräumen. Imanuel Kant hat das Wort „Glaube“ deformiert und behauptete: „Glaube heißt: nicht wissen“. In der Heiligen Schrift schreibt der Apostel Paulus: „Ich weiß, an wen ich glaube“ in dem Sinn, dass er weiß, wem er sein Vertrauen schenkt. Glaube heißt im biblischen Sinn also: sich anvertrauen.

Wenn ich beispielsweise sage: „Ich habe Kopfschmerzen aber auch eine wirkungsvolle Tablette dagegen...“, dann kann man erwägen: „ja, ich glaube, dass das stimmt“ oder „ich glaube, der lügt mich nicht an“ oder einfach „ich glaube, die Tablette wird helfen.“ Aber biblischer Glaube, christlicher Glaube heißt: Ich nehme diese Tablette ein. Ich setze mich der Wirkung dieser Tablette aus. Es ist mir ein wichtiges Anliegen, dass wir diesen Unterschied bemerken! Es gibt Menschen, die an die Existenz Gottes glauben, die sogar beten und zur Kirche gehen. Aber sie haben noch nicht den Schritt getan, sich diesem Jesus Christus auszuliefern. Das ist nämlich eine andere Sache. Das bedeutet christlicher Glaube: Sich anvertrauen, sich der Wirkung des Lebens Jesu aussetzen.

Es gibt drei Arten von Menschen. Lassen Sie mich das in einem Bild beschreiben. Drei Arten von Leuten, die ebenfalls zu dieser himmlischen Feier eingeladen sind. Da sind zum einen die Gottesleugner. Das sind jene, um in einem Bild zu sprechen, die das Auto ihres Lebens eigenmächtig fahren, selbst am Steuer sitzen und Jesus Christus draußen lassen. Sie wollen mit ihm nichts zu tun haben. Wenn sie ihren Karren vielleicht mal gegen einen Baum fahren, heißt es: „Warum hat Gott das zugelassen?“

Dann gibt es religiöse Menschen, die mit Jesus etwas zu tun haben wollen. Sie möchten ihn mit in ihrem Auto dabei haben. Diese beten vor dem Essen oder sprechen ein Abendgebet. Und wenn es kritisch wird, dann rufen sie auch ein Stoßgebet gen Himmel. Da soll Jesus wirklich dabei sein, aber bitte schön als hilfreicher Beifahrer! Ich aber sitze selbst am Steuerrad...

Die Einladung Jesu Christi an uns lautet allerdings: Nimm dieses hochzeitliche Gewand an! Vertraue nur auf die Reinheit, die Gerechtigkeit, das vollbrachte Opfer von Jesus Christus. Liefere dich völlig Jesus Christus aus. Das bedeutet auch: Ich lade Jesus dazu ein - um bei diesem Bild zu bleiben - das Steuerrad meines Lebens zu übernehmen: „Übernimm du das Steuerrad, ich will nur noch Beifahrer sein..." Natürlich hinkt jeder Vergleich, auch dieser. Doch als Christ, wenn Jesus am Steuer des Lebens sitzt, hat man auch als Beifahrer sehr viele Entfaltungsmöglichkeiten.

Eines soll hiermit deutlich werden. Wenn es heißt: *„es kamen Gute und Böse"*, dann müssen wir sagen: Nun ja, nach dem Urteil der heiligen Schrift kamen solche, die *wussten*, dass sie böse sind und solche, die *meinten*, dass sie gut sind. Denn Gott sagt, dass niemand gut ist außer Gott allein. Jeder von uns hat Schuld. Natürlich finden wir immer jemand, der vielleicht schlechter ist als ich. Aber darum geht es nicht. Was vor den Menschen als gut, fromm und vorbildlich angesehen werden kann, zählt in Gottes Augen oft überhaupt nichts. Mit unserem eigenen Gewand können wir jedenfalls nicht am himmlischen Fest teilnehmen. Das geht nicht! Und deshalb wird dieses Gewand jetzt jedem angeboten – den sogenannten „Guten" und den Bösen, also denen, die es wissen, dass sie versagt haben und nicht „gut" sind.

Vielleicht sind Sie am Anfang erschrocken, wie dieses Gleichnis ausgeht. Eigentlich könnten wir doch denken: „Mensch, warum ist dieser König so pingelig? Jetzt sitzt halt einer da, der hat kein hochzeitliches Gewand an..." Nun kommen wir zum Kern: In dem Gleichnis sitzt tatsächlich ein Mensch beim Hochzeitsmahl, der hatte dieses Gewand abgelehnt. Vermutlich hatte er selbst ein sehr prächtiges Gewand an mit Orden und Ketten usw.. Und er lehnte dankend ab: „Ich brauche das Gewand nicht." Aber nun fragt der König: „Wie bist du hereingekommen?"

Jesus Christus ist für alle Schuld gestorben und deshalb kann er auch die größte Sünde vergeben. Wir sehen dies deutlich im Leben Jesu. Da darf eine Prostituierte, die Vergebung erfahren hat, mit ihren Haaren die Füße Jesu trocknen. Einer der größten Betrüger und Gauner der damaligen Zeit, der Zöllner Zachäus, darf mit Jesus essen. Einer Frau, die sieben Männer hatte, einer Ehebrecherin, wird Vergebung zugesagt. Aber die religiöse Schicht der damaligen Zeit – die Pharisäer und Sadduzäer – die zu Jesus gekommen ist, meinte, sie seien selbst gut genug. Zu denen sagte Jesus messerscharf: *„Ihr Schlangenbrut, ihr Otterngezücht."* Welch harte Worte!

Warum diese harte Reaktion? Weshalb wird dieser eine Mensch ohne hochzeitliches Kleid hinausgewiesen? Weil es nur eine Sünde gibt, die Jesus nicht vergeben kann, und das ist der religiöse Stolz. Wenn jemand sagt: „Ich brauche das nicht. Ich brauche diese Liebe Jesu nicht"; dann muss er mit seinem eigenen Gewand vor Gott erscheinen...

Worauf vertraue ich? Worauf vertrauen Sie? Wenn Sie jetzt anstelle von Norbert in diesem Sarg liegen und Gott Sie fragen würde, „Warum soll ich dich in den Himmel lassen?“, was würden Sie antworten?

Vielleicht: „Weil ich mich bemüht habe, gut zu leben.“? Dann wird Gott mir aufzeigen, wie oft ich da versagt habe. Oder: „Weil ich gebetet habe und in die Kirche gegangen bin“, also religiös war? Dann wird Gott mir mein Gewand zeigen, wie schmutzig es ist.

Ich kann Ihnen verraten, was Norbert entgegnet hätte, wenn ihm diese Frage überhaupt gestellt worden wäre. Norbert hat immer gesagt: „Ich bin nicht würdig in den Himmel einzugehen. Aber das, was Jesus getan hat, genügt für mich und darauf setze ich mein Vertrauen. Und sonst auf nichts!“

Als wir als Freunde und Hinterbliebene von Norbert vor ein paar Tagen zusammengekommen sind und der Vater von Norbert uns nochmals vorgelesen hat, was der letzte Wille von Norbert war, stand groß aufgeschrieben: „Keine Lobeshymnen auf mich!“ Trotzdem drängt es einen innerlich dazu; man könnte so viel Positives von Norbert erzählen. Doch er wollte, dass folgende Botschaft rüberkommt: „Es nutzt alles nichts. Nur das, was Jesus am Kreuz auf Golgatha getan hat, das genügt! Um in den Himmel zu kommen, sollen wir auf nichts anderes mehr vertrauen als auf das.“

Wenn es stimmen würde, dass wir durch Reinkarnation immer wieder neu auf die Welt kommen können, um uns zu verbessern, dann hätte Jesus Christus nicht sterben brauchen. Wenn es eine Möglichkeit gäbe, in den Himmel zu kommen durch Gutes tun, durch Frömmigkeit oder religiöse Anstrengungen, dann hätte Jesus nicht die Hölle erleben müssen. Wenn es irgend etwas geben würde, das unsere Sünden wegwaschen könnte, oder ein Feuer, das unsere Sünden wegbrennen könnte, dann hätte Jesus sein Blut nicht fließen lassen müssen. Es gibt nur eines, was uns Vergebung schenken kann - das ist dieses Opfer Jesu. Es kommt nur noch darauf an, ob ich dieses Liebesgeschenk persönlich in Anspruch nehme oder nicht.

Woher kann man also so genau wissen, dass man wirklich erlöst und gerettet ist? Warum konnte das Norbert schon vor seinem Tod so genau wissen? Weil Gott nicht lügt! Der Apostel Johannes schreibt in seinem ersten Brief:

„Wer Jesus hat, hat das Leben. Wer Jesus nicht hat, hat das Leben nicht. Solches habe ich euch geschrieben, damit ihr wisset, dass ihr ewiges Leben habt."

Wer behaupten würde: „So genau kann man das aber nicht wissen", der würde behaupten, dass Jesus uns an der Nase herumführt, dass Jesus lügt, dass Gott uns betrügt.

Aber vielleicht denken sie: „Ja, wenn alles bezahlt ist, warum sich dann noch um die Jesusnachfolge bemühen?" Warum war es Norbert ein Anliegen, nach dem Willen Gottes zu leben? Er hatte doch Vergebung für seine Schuld. Er hatte doch Erlösung. Hier wird nun sehr deutlich: Das Motiv, um nach dem Willen Gottes leben zu wollen, entspringt nicht mehr der Absicht, in den Himmel zu kommen. Wenn man weiß, dass man die Erlösung in Jesus hat, fällt diese Sorge weg. Norbert wusste bereits, dass er erlöst ist. Deshalb konnte er auch - im wahrsten Sinne des Wortes - dem „Heimgehen" zuversichtlich entgegenschauen.

Norbert wollte Jesus schlicht und einfach aus Dankbarkeit nachfolgen. Aus Dankbarkeit dafür, was Jesus für ihn getan hat. Das ist das eigentlich und wahre Motiv eines lebendigen, entschiedenen Christen.

Ich möchte nun zum Ende kommen und Ihnen noch eine Geschichte erzählen, in der das deutlich wird. Diese habe ich auch mit Norbert bewegt. Er war ja in verschiedenen Kliniken und hat von dort Menschen Briefe geschrieben, weil es ihm ein Herzensanliegen war, seine Mitmenschen mit der Frohen Botschaft des Evangeliums vertraut zu machen.

In einem Dorf in der Lüneburger Heide lebte der kleine Heiner, ein geistig behinderter Junge von kräftiger Gestalt. Seine Mutter litt schwer darunter, dass sie ein behindertes Kind hatte. Beim Aufwachsen ihres Sohnes musste sie immer wieder schmerzlich feststellen, dass er von anderen sehr gehänselt wurde. Dabei tat sich besonders der kleine Peter als wahrhaftiger Spötter hervor. Wo er nur konnte, hänselte er Heiner und führte ihn an der Nase herum. Sie wuchsen heran, doch eines Nachts brach in diesem Dorf ein Brand aus. Peters Haus, ein schönes Lüneburger Holzhaus, stand in hellen Flammen. Das halbe Dorf war versammelt, die Feuerwehr anwesend. Man konnte jedoch nicht mehr ins Haus hinein, als Peters Mutter plötzlich aufschrie: „Wo ist mein Peter?!“

Dieser hatte in seinem tiefen Schlaf den Ausbruch des Feuers gar nicht mitbekommen. Seine zwei Geschwister standen schon vor dem Haus im Kreis der anderen Leute. Da hörte man plötzlich einen Hilferuf aus der oberen Dachkammer. Peter musste aufgewacht sein und merkte nun, dass es für ihn kein Entkommen mehr gab; denn das ganze Haus stand bereits in Flammen. Die Mutter wollte aufs Haus zuspringen, aber Feuerwehrleute hielten sie zurück und erklärten: „Das bricht jetzt jeden Moment zusammen!“

Doch aus dem Kreis der Zuschauer löste sich auf einmal eine Gestalt: Ein kräftiger Bursche, der Heiner, eilte unaufhaltsam dem Eingang des Hauses zu. Ehe ihn jemand daran hindern konnte, verschwand er darin und erschien nach kurzer Zeit wieder unter der Tür – den bewusstlosen Peter auf den Schultern. In diesem Augenblick stürzte ein Teil des Hauses zusammen und der Türbalken, unter dem Heiner gerade durcheilen wollte, krachte auf die beiden Buben.

Feuerwehrleute zogen die beiden Körper von dem Unglücksort weg, doch Heiner, der geistig behinderte Junge, war tot. Der Türbalken hatte ihn erschlagen. Sein Körper hatte dabei jedoch den bewusstlosen Peter geschützt, der zwar verletzt, aber gerettet war. Heiner ließ sein Leben für Peter. Auch ein wunderbares Bild dafür, was Jesus für uns getan hat.

Besonders bemerkenswert sind die Aussagen von Heiners Mutter und von Peter, die diese bei Heiners Beerdigung gemacht haben. Die Mutter sagte: „Ich danke Gott, dass er mir solch einen wunderbaren Sohn geschenkt hat.“ Und Peter gestand: „ Mein größter Schmerz ist es, dass ich Heiner nicht mehr danken kann.“

Liebe Trauergäste, wir können noch danken. Wir können unserem Gott, wir können Jesus Christus mit unserem eigenen Leben noch danken für das, was er für uns getan hat. Und das sollte uns motivieren, Jesus zu suchen, ihm nachzufolgen, ihn zu fragen: „Herr, was ist dein Wille für mein Leben?“ Nicht, um in den Himmel zu kommen. Das hat Jesus bereits entschieden. Das brauchen wir nur noch glaubend und vertrauensvoll für uns in Anspruch zu nehmen. Sondern um Ihm nachzufolgen aus Liebe und Dankbarkeit für das, was Jesus für uns getan hat.

Zum Schluss möchte ich noch eine Seite eines Briefes von Norbert vorlesen. Er hat ihn im Hinblick auf seine Beerdigung geschrieben. Darin heißt es:

„Jeder Einzelne, ob krank oder kerngesund, ist hier aufgerufen, eindeutige Entscheidungen zu treffen und sich direkt und konkret zu Jesus Christus hin zu wenden. Sich ihm mit Haut und Haaren anzuvertrauen. Das bedeutet letztlich, an ihn zu glauben. Nicht nur seine Existenz für wahr zu halten, sondern sich ihm auch auszuliefern. Wie sehr hoffe und bete ich, dass dies noch von vielen Leuten erfahren und dann auch ergriffen wird, damit sie nicht im Zustand der Hölle enden, wo Gott einem nichts mehr zu sagen hat und das in alle Ewigkeit. In der ewigen Verlorenheit ist man Gott dann endgültig losgeworden. Dieser höllische Zustand wird im Wort Gottes bezeichnet als Zustand unendlicher Qual und Einsamkeit. Wenn der Mensch im Sarg liegt, gibt es keine Rettungsmöglichkeit mehr. Umkehr und Glaube, sich anvertrauen, muss zu Lebzeiten geschehen. Man lebt nur einmal, deshalb ist unsere Verantwortung groß, dass wir uns in dieser verhältnismäßig kurzen Erdenzeit Jesus Christus bewusst anvertrauen, uns ihm ausliefern, ihn als Retter und Erlöser für unser Leben annehmen...

So sind meine Tage, vor allem die Nächte, ausgefüllt mit Briefe schreiben und Lesen des Neuen Testamentes, um meinen Herrn noch besser kennen zu lernen, da ich ja bald bei ihm sein werde. Kurz vor der zweiten und letztmöglichen Operation im April 2000 in Hannover saß ich nachts vor dem Operationssaal im Aufenthaltsraum und konnte Jesus nur danken, ihn ehren und anbeten für seine Gegenwart, seinen Trost und seine Hoffnung, die zum Greifen nahe war. Jetzt, 3 Monate später, wuchs bereits ein neuer Tumor. Für alle ein Schock – nur überraschenderweise für mich nicht. Ich weiß mich tatsächlich sicher und geborgen in Gottes Hand. Ich kann es nicht anders ausdrücken. Genauso ist meine Erfahrung. Gott entgleitet nichts in meinem Leben."

Walter Nitsche,
8. Dezember 2000

Weitere Bücher von edition philemon

„Gott ist erfahrbar" Interviews mit Christen aus Birkenfeld
Pb, 88 Seiten, Bestell-Nr. 100.043, 6,00 EUR

Mit der Behauptung „Gott ist erfahrbar" soll das Buch weder provozieren, noch das Leben einzelner Christen auf ein „frommes Podest" stellen.
Alle, die sich in diesem Büchlein äußern, fühlen sich nicht als „bessere Menschen". Ganz im Gegenteil: als Christen leben sie täglich von der Vergebung Gottes .
Das Buch soll durch Berichte dazu einladen, über die Erfahrbarkeit Gottes ein wenig nachzudenken.

Walter Nitsche, **Lieben will gelernt sein**
Pb, 144 Seiten, Bestell-Nr. 100.040, 8,50 EUR

Das Buch wendet sich sowohl an alleinstehende oder befreundete Singles, wie auch an Verheiratete, Verwitwete und an diejenigen, die bereits eine zerbrochene Beziehung hinter sich haben.
Es deutet auf ein tief gehendes Prinzip hin, das sämtliche zwischenmenschliche Beziehungen unseres Lebens durchzieht; denn: „Lieben heißt, die wahren Bedürfnisse des Andern zu erforschen und zu stillen suchen".